出島組織というやり方

（はみ出して、
新しい価値を生む）

倉成英俊
鳥巣智行
中村直史

SE
SHOEISHA

出島を作った25人の商人と、出島組織という言葉を作った無名のコンセプトメーカーに捧ぐ。

江戸時代も21世紀も、新しいことは辺境から生まれる

出島組織との出会い

出島組織という言葉にはじめて出会ったのは、2009年の秋だったと記憶している。

当時僕は、広告会社に新設された変わった部署に異動したばかりだった。そこは広告を企画制作するクリエーティブ部門にあるけれども、広告は作らない。広告のスキルを拡張するとどんな新しいことができるか？を模索する、いわゆる「新規事業部」的なもので、部屋も少し違った場所に作られた。

他の部署と離れた、全社員が利用する共用のフロア。その端っこの、20名分のデスクを置いたらいっぱいになる、鍵がかかる秘密めいた部屋。そこへ異動したてのその頃、誰かがこう言ったのだ。

はじめに

「出島だね」と。

その部署では、いろんな会社の宣伝部とではなく、新規事業部の方々と交流を深めていく作戦を取り、いろんなプロジェクトに結びついていくのだが、他社の新規事業に携わる立場の方々とお会いし名刺交換する時にも、またこの言葉が出てきたのだった。

「同じ出島組織ですね」と。

なるほど。本体から離れた組織を、出島にたとえて呼ぶんだな。

たまたまか。いや運命だっただろう。年に何度も繰り返し出島という単語を聞くようになっている中、招かれたカンファレンスの会場がハウステンボスで、長崎に行くことになり、本家である出島に立ち寄る機会を得た。出島組織と呼ばれるからには、行かないわけにはいかない。

鎖国していた江戸時代、日本が唯一外国への窓口として開いていた、小さな扇形の島、出島。行ってみるとその出島は、現在は島ではなかった。三方が埋め立てられていて、橋はあれども地続きだ（そのことに驚く方が多いらしい）。しかし、国の史跡に指定された１９２２年ののち、長崎市が100年事業という長期のリノベーション計画を立て、建物のほとんどがクオリティ高く復元されており、昔の風情を存分に湛えている。島かどうかとかはもう関係ない。橋を渡ればそこは、江戸時代だ。

その第一印象は、お洒落。しかも、とてつもなく。中でも特に、恋に落ちるかのように好きになってしまったのが、一番船船頭（オランダ船船長）の部屋だ。畳の上にベッドやデスクや椅子が置いてあり、壁には和柄の唐紙がウォールペーパーとして一面に貼ってある。ガラスなど西洋からのイノベーティブなものもありつつ、南蛮からの鳥がいたであろう鳥籠もあり、シーツはパッチワークされたインドのものだったりする。

和、洋、だけでない世界中の国々のものが調和する、見たことのない折衷デザイン。素敵すぎる。それ以来、世界で一番デザインが美しい空間はどこか?と聞かれたら、出島のこの部屋だと言っている。

あまりに感動したので、デザイナーの視点でも見てもらおうと、その後、同じチームのアートディレクターにも見に行ってもらった。「どうだった?」と聞くと、彼の口からは意外な言葉が出てきた。

「デザインも良かったですが、一番おもしろかったのは、出島は長崎だけじゃなかった、ってことですね」。

どういうことか？　彼に問うと、オランダから長崎までの航海の途中、東インド会社の船は、たくさんの国々に寄港し、交易しつつ向かってくるが、その港は、出島と同じく陸から出っ張っているところがたくさんあった、と。なるほど。その各国の出島をつないで、途中交易しながら来たから、あのユニークな素晴らしいデザインの部屋ができ上がったのか。

となると。東インド会社が各国の出島をつないでいたように。出島組織も、出島組織同士がつながったら、さまざまな予期せぬ化学反応が起こり、見たこともないおもしろいものができるのではないだろうか。オランダ船船長の部屋のように。

出島組織サミット

そんなことがきっかけとなり、２０２２年11月12日、長崎市と連携協定を結び、全国のさまざまな出島組織に長崎の出島に集まってもらう「第１回 出島組織サミットｉｎ出島」を開催することになった。

場所は、せっかくだから本物の出島の中で、と希望したところ、特別に、出島の中の文化財の一室をお借りすることができた。

募集をかけると、大企業、スタートアップ、自治体、大学などさまざまな組織の出島から続々と申し込みが。全国どころかシンガポールからも。お借りした部屋に入る定員は申込み開始から10日で上限になり、結果、当日は30組織52名の方々が集結。このイベントに掲げたキャッチフレーズ「出島が、出島で、出島と、出会う」。まさにその通りとなった。

この日のプログラムは、開会を告げるオープニングトークの後、全出島組織自己紹介、出島の学芸員さんによる出島組織向けの出島スペシャルガイドツアー、8つの出島組織がトークセッションに登壇し知見をシェア。最後は長崎市長より「長崎市公認 出島組織認定証」が手渡されてフィナーレ。

好評を博したため、2023年11月10日、長崎で第2回の出島組織サミットを規模を少し拡大して開催。45組織84名が集結し、また新たな出会いと熱量に、みんなで胸を躍らせたところだ。

さて。今、みなさんに手に取ってもらったこの本。

はじめに

この本は、出島組織サミット当日のセッションをベースに、再度大幅なインタビューを行い、自分たちの分析を加えたもので、出島組織（出島戦略とも言われる）について俯瞰的にまとめられた、はじめての書物となる。

「出島組織」には、今の日本に必要なインスピレーションがたくさんある。そう感じることが多々あり、刊行する運びとなった。

おもしろくも熱いさまざまなチャレンジに、生きた言葉で、このあとたくさん触れていただくことになるのだが、その前に、前書きとして、出島組織概論をお伝えしておきたい。つまり、そもそも何なの？ってことを。

我々が長年、出島組織に在籍してきた経験と数年かけたリサーチの結果、わかった総論。出島でのサミット当日のオープニングでお話ししたことなので、参加した気分になってもらえるかもしれない。

出島組織とは？　定義とその特徴

まず、「出島組織」という言葉は、いつできたか定かではない。２０００年頃という人もいたが、30年以上前に書かれた記事も最近発見した。提唱者がいるわけでなく、自然発生的に生まれた言葉との見方が強い。なので、サミットではこのように定義した。

出島組織の定義

長崎の出島のように
①本体組織から何かしらの形ではみ出して
②新しい価値を生む組織

また、出島組織の特徴としてはこのような点が挙げられる。

- 提唱者がアノニマス。故に権力者がおらず、タイプも自由
- 出島＝「自由」「未来」「イノベーティブ」の比喩／象徴と捉えられている
- 比較的着手しやすい仕組み（成果が出るか、続くかは別だが）
- 日本発のコンセプト（オランダ人もおもしろいと言う）
- 出島（組織）と自称する人がうれしそう

自由であると書いたそのタイプ。調べてみると、この点が実におもしろいのだが、同時に、世の中に知られていないことだったりする。出島組織という場合、多くは、大企業のもの、と思われている。例えば、経団連の資料に象徴されるこの部分。

『大企業による「出島」会社本体から独立し、離れた「出島」形式の異質な組織を立ち上げ、自由にイノベーションを起こす。』（「Society5.0 －ともに創造する未来－」経団連 より引用）

メディアについても同様で、例えば毎日新聞の出島組織についての記事はタイトルも『〝鎖国〟が続く日本企業で「出島」が急増しているわけ』（２０１９年12月21日）となっており、やはり企業についてだ。

しかし、丁寧にリサーチやインタビューをしていくと、それだけではない。何かを打開したいと思うさまざまなジャンルで多様な形が生まれている。また、「企業の出島」の中でも、必要に応じて、さまざまなタイプが発生している。

結果、サミット開始当時は7タイプに整理したが、再度検証し、今回の本では9タイプに分けた。俯瞰してみると、大きく通底する共通点もありつつ、違った工夫もある。出島組織に属されている方にとってヒントとなり、また、新しいことを起こしたい方には自分の立場でやりやすいタイプを見つけられると思う。この点、ご活用いただけたらうれしい。

また、出島組織は少々前に話題となった「両利きの経営」にまとめられがちだが、実はちょっと違うことも付け加えておきたい。

両利きの経営は、『「経営者」が「既存事業」と「探索事業」を両方見るべき、両利きのように』という手法で、確かに本社が既存事業をやっている間に、出島組織が探索事業をやる、という点では一致する。しかし、出島組織の場合、本体組織の社員と横同士でつながって、経営者が知らない間に新しいものを生んでいるケースもある。つまり、ボトムアップ型の、現場主導の勝手な両利き。出島理論の方が、あり方が自由なのだ。

出島組織はせっかく日本発のコンセプトなのだから、アメリカ発のコンセプト（両利きの経営）にまとめてはもったいない。その点でも、両利きの経営とは似て非なる別物として、先入観なく読み始めてもらった方が良い。

最後に、注目してほしいのは「熱さ」。出島を「出す」のではない。ほとんどの方が自ら「出た」のだ。出る覚悟。出て、新しい地平を開く覚悟。実は、そこが一番のポイントだったりするが、それは読めば自然と、感じ取ってもらえると思う。

はじめに

出島では、江戸時代、「通詞《つうじ》」という通訳が常駐し、日本とオランダの媒介役を果たしていた。我々が果たしたいのは、まさにその役割。出島組織の通詞だ。出島の歴史から、そして現代の出島組織からさまざまなインスピレーションを、通訳して届けたい。

出島組織は、提唱者がアノニマスで、自然発生的な、みんなが参加できる「運動」なのだ。

これから新しいことを生みたい方には前例と方法論を。出島組織に所属されている方には同志からのヒントと勇気を。そして、本家である長崎の出島を作った先人たちに最大限の敬意を示しつつ。

精神的、慣例的に、見えない鎖国になっているこの国に、変化をもたらす運動を、みんなで盛り上げられたらとの思いを込めて。ここに21世紀の出島の「翻訳書」をお届けする。

出島組織サミット実行委員会副会長
倉成英俊

（ 出島組織をナビゲートするインタビュイー3人の自己紹介 ）

倉成英俊
Hidetoshi Kuranari

出島組織サミット実行委員会副会長
株式会社 Creative Project Base 代表取締役

１９７５年生まれ。江戸時代、長崎の警備を担当していた肥前藩、現在の佐賀県出身。大学は機械工学部だったが、そこから転身、コピーライターの道を歩み始め、電通入社。多数の広告を制作しつつ、副業としてプロダクトを作り始める。２００８年バルセロナのプロダクトデザイナーMarti Guixeのスタジオに勤務。帰国後、広告のスキルを拡大応用したプロジェクトプロデュースを手がけ始める。２０１４年電通の出島組織「電通Bチーム」を組織。２０２０年、プロジェクト専門会社 Creative Project Baseを創業。好物は、雑談。

鳥巣智行
Tomoyuki Torisu

出島組織サミット実行委員会会長
株式会社 Better 代表取締役

長崎市出身。青森のイタコさんにジョンレノンの魂をおろしてもらい曲を書いてもらう「ジョンレノンの新曲」というプロジェクトに取り組むなど、高校時代から様々なアプローチの平和活動に取り組む。その後、電通でコピーライターとして広告やキャンペーンの企画制作、商品開発などに携わる。２０１４年から電通Bチームのメンバーに。２０１９年から長崎市の広報戦略アドバイザーとして長崎市に深く関わるようになったことをきっかけに長崎でBetterをスタート。ダジャレ愛好家。

中村直史
Tadashi Nakamura

出島組織サミット実行委員会監事
株式会社五島列島なかむらただし社 代表取締役

１９７３年生まれ。長崎県五島市出身。大学で地球科学、アメリカの大学院で文化人類学を学んだ後、電通に入社しコピーライターとなる。独立後、２０１９年ふるさと五島で、五島列島なかむらただし社を設立。日本全国で（最近は世界でも）「五島のもつ精神性を活かして、企業や自治体がイキイキと前を向くための運動をつくる」ことにトライし続けている。という意味では、五島の出島とも言える。「五島に来るなら島の声が最高な春ですよ！　いややっぱり夏の海かなあ。ていうか秋も冬も最高ですけどね」が口ぐせ。

出島組織というやり方｜目次

1

新規事業部タイプ

さてこれから、変化を起こす専門チーム「出島組織」をいろんなタイプで見ていきながら、出島組織の作り方や、変化を生むヒントを探っていくことになる。実際に我々が足を運んで現場でインタビューしているものも多数なので、大人のバーチャル修学旅行的な感覚で、出島組織ツアーみたいになるかもしれない。

はじめは、出島組織の、おそらく一番数が多いタイプ「企業の新規事業部」から。

本書で出島組織というコンセプトにはじめて出会った方にも想像がつきやすいだろう。前出の経団連の資料も、毎日新聞の記事もこのケースだ。

出島組織のはじまりは、「何か新しいことをしなくては」→「やってみて（と誰かに頼まれる）」またほ「やってみよう（と自発的に動き出す）」→「別働部隊として始めよう」という流れが基本なので、ほぼ同形になるはず。一番ベーシックな形だ。そこから、いろんな形に派生・進化して、本書で今後ご紹介していくタイプが存在している。

では、出かけよう。現代のさまざまな場所に存在する「出島」へ。

最初にお邪魔するのは、本社を新宿に構える野村不動産。だが、この取材ではそっち（本体）には伺わない。向かうは東京都中央区。野村不動産が作った出島「TOMORE（トモア）zero」は、日本橋人形町にある。

新規事業部タイプ

(1-1)

野村不動産 TOMORE zero

NOMURA REAL ESTATE DEVELOPMENT TOMORE zero

話し手

黒田翔太

SHOTA KURODA

住宅事業本部 賃貸住宅事業部 事業二課長

聞き手

倉成英俊

HIDETOSHI KURANARI

インタビュー場所

野村不動産 TOMORE zero（東京・人形町）

プロフィール

黒田翔太

2010年に野村不動産へ新卒入社。国内外の不動産ファンドの立ち上げ・運用業務に11年従事した後、同社従業員組合委員長に就任し、イノベーティブな組織風土変革に向け、会社交渉に奮闘。その傍ら、同社事業アイデア提案制度「NEXPLORER」に参加し、同社第1号となる社内起業を「TOMORE（トモア）」で実現。経済産業省／JETRO主催「始動 Next Innovator2023」シリコンバレー派遣選抜。

若手社員が突破した、事業アイデア提案制度第一号

――まずわかりやすく、新規事業部が本社から別の場所に飛び出して、出島組織になっているケースをご紹介したいなと思って、最初に頭に浮かんだのが、こちらで。

黒田 ありがとうございます。はい。結果的にまさにそのタイプです。

――本社から離れて、ここで何をされているか、教えていただけますか？

黒田 僕らがやっていることを一言でいうと「コミュニティ運営」です。野村不動産はハード部分の、不動産のものづくりはもちろんすごく得意なんですけど、ソフト部分、つまりコミュニティ運営の方は実証が必要ということで、その部分をここで。まず最初は、オンラインでコミュニティの運営を2021年8月に開始して。同年11月にコワーキングスペースとして、ここ「TOMORE zero（トモア・ゼロ）」の運営をスタートしました。利用者同士の出会いや交流をサポートするコミュニティオーガナイザーが常駐して、リアルとオンラインの両方で、プライベートとビジネスの垣根がない感じの、ゆるくて濃いつながりを作っています。

――昼間からたくさんの方がいらっしゃいますが（コワーキングだから当たり前か）、居心地良さそうですね。

黒田 そうなんです。集中して仕事できるスペースがあるのはもちろんなんですけど、それ以外に、靴を脱いでソファに腰掛けて過ごせたりとか、壁にアートが描かれたダイニングで大きなテーブルを囲んで、食事や仕事をしながらメンバー同士で交流できたりとか、よりリラックスした状態で、偶発的なつながりを生む工夫をしている点が特徴です。「暮らしの中で働く」をイメージした空間設計になっています。
なぜ、暮らしの要素を取り入れているかと言いますと、将来的には、シェアハウスとコワーキングスペースが一体になった物件の開発を視野に入れているからなんですね。

――今のお話、理解が追いつかなかったので、少し解説を。

黒田 1階にコワーキングスペースがあって、2階より上には共用リビングと住居。つまり、上に住んで、下で働ける。職住一体の「働く・住む・遊ぶ」がミックスされたシェア型の賃貸住宅。コミュニティ運営のサービスが付いているので、住んでいる方はそこで生まれるいろんな人や活動と出会って、刺激を楽しみながら、自分のネットワークを自然と広げていける。そういった多様な価値観に触れる機会を、生活環境の中で自然に体感できるような新しい居住体験を作っていきたい、ということを目指しているのが、TOMOREプロジェクトなんですね。

TOMOは「仲間と」とか「共に」、MOREは「もっと」ってことで、TOMORE（トモア）という名前にしたのも、そういうことで。

――なるほどね。まさに新規事業。

黒田 そもそもは、「NEXPLORER（ネクスプローラ）」という野村不動産の事業アイデア提案制度に応募したところから始まったんですね。同世代の頼れる仲間3人でエントリーして、何度も経営層に提案した結果、何とか第1号承認案件として突破できて。本当にコミュニティ運営で価値を出せるのか、と問われる中で、実際に人形町に拠点を置いて運営事業を行ってみる実証フェーズを、これまではやっていました。

なので、部署的には、DX・イノベーション推進部（新規事業創発を所管）と、賃貸住宅事業部（賃貸住宅開発を所管）という2つの部に同時に籍を置いていました。というのは、最終的に、私の事業が賃貸の住宅モデルになっていくので。両方の事業部を兼務しながら、実際活動する物理的な拠点は人形町みたいな感じでやってきて。

そして、コミュニティもうまく回り始め、目標とする収入の目線もクリアできたので、じゃあもう事業化していこうというステージに立てました。なので、今は賃貸住宅事業部の中に私の事業に特化した組織ができて、そこで事業を推進しています。

野村不動産TOMORE zeroの出島組織図

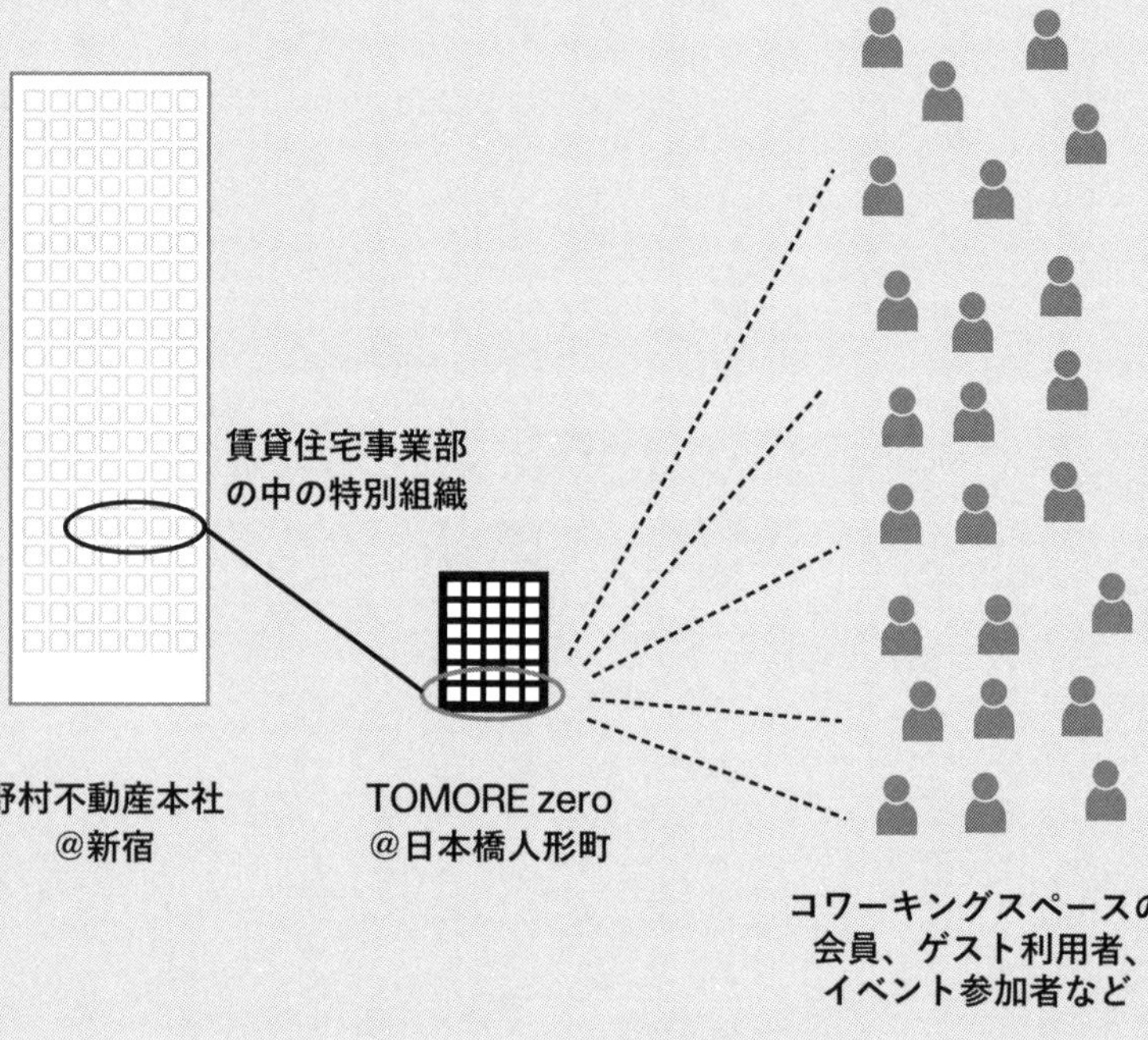

本社の「賃貸住宅事業部」に籍を置くメンバーが、日本橋人形町のコワーキングスペース「TOMORE zero」にてコミュニティ運営実証を行う。その目指すところは、職住一体のシェアハウス＆コワーキングスペースの開発。

本社と離れて活動しているからこそのメリット

――いつも黒田さんはこっち（人形町）にいるんですか？

黒田 行ったり来たりしながら、ですね。事業を進めるにあたっては、野村不動産本社で調整して進めていく必要があるので。

――なぜそもそも、人形町だったんですか？

黒田 住居含めてのコワーキング事業を考えていくと、本社がある新宿じゃないなと。それで、職住がミックスされたベストなエリアを探していたら、人形町にたどり着いた、ということです。なので、本社から離れたいから離れたわけでなく、結果的に。

――離れてみて、どうでした？　メリットとかデメリットとか。

黒田 実証という観点で、すごく活動しやすかった。具体的には、ＰＤＣＡが回しやすかったですね。本社の誰かが常に見ているわけじゃない。でも、見せたい時があるわけで、そういう時に人を呼んで、会社に説明ができる。試行錯誤してる時をじっくり見られてもあまりいいことはないので。

──お母さんに部屋をいつも見られてるとやりにくいのと一緒ですよね。たまたま見られた時だけ勉強してない、みたいな。

黒田 そうですそうです（笑）。そして、いつも見られてると変化がわかりにくい。たまに見るから前回からの比較で、成果がわかる。必要な時に報告して、必要な時に確認してもらえる。本社と離れて活動しているからこそ、そういうことがわかりましたね。

──新しいことや出島組織をやろうという方にメッセージとかあれば。

黒田 新規事業をやるなら、既存事業の組織や枠組みの中だけでは生まれづらいなと、実際やってみて思いました。そこははじめにきっぱり分けてほしいと言ったのは、良かったなと。一般的に既存事業はリスクを取りづらい環境ですが、逆に、新規事業の組織は、新しいことを生まなきゃいけない、ってチカラが働く。なので、チャレンジの流れに乗れるし、後押ししてくれる。つまり、組織の力学も上手く利用しましょう、ってことですかね。事業と全力で向

東京・日本橋人形町にあるTOMORE zero。オンライン会議がしやすい防音の個室など集中できる場所もありつつ、ソファあり、アートあり、バーカウンターあり、人の距離を縮める工夫が多数なされている。靴を脱いで上がるコワーキングスペースも珍しい。

き合い、やり抜くことが大前提ではありますが。

――黒田さんの話は、教科書を読んで、本社から離そう、組織を分けよう、としたのじゃなくて、やってみてわかったというのが、リアリティがあっていいですね。で、最終目標のシェアハウス&コワーキングスペースは、いつできるんですか？

黒田 まだ言えないんですけど。できます。近い将来。できたらお呼びします！

さてお次は、日本橋人形町から、地下鉄でぐるっと皇居の反対側に回って、千代田区紀尾井町の、ハウス食品東京本社ビルへ。そう、今回向かう先は「本社」。なぜならここは、本社の中に置かれたタイプの出島組織だから。一体、どんな風に出島で、どんなことをされているのか？

新規事業部タイプ

（ 1-2 ）

ハウス食品 食品事業四部

HOUSE FOODS FOOD BUSINESS DEPARTMENT4

話し手

黒田英幸
HIDEYUKI KURODA
ビジネスユニットマネージャー

中西誠人
MASATO NAKANISHI
チームマネージャー

聞き手

倉成英俊
HIDETOSHI KURANARI

インタビュー場所

ハウス食品東京本社（東京都千代田区紀尾井町）

プロフィール

黒田英幸（写真左）

２０００年ハウス食品入社。営業、マーケティング部門、新規事業部門を経て、現在に至る。２０１８年に「ハウスカレーパンノヒ」をオープンし、ハウス食品の中でカレーパン事業をスタート。

中西誠人（写真右）

２０１５年ハウス食品入社。開発研究所で製品開発と技術開発を経験。２０２１年度は、社内プログラムにより他社での新規事業立ち上げにも関わる。２０２２年度からカレーパン事業を担当。

社長の一声で3人からはじまった特命チーム

――カレー好きの私としては、ハウスさんの本社に伺えて、勝手に興奮してます。

中西 いつも食べていただきありがとうございます。

――お名刺に「食品事業本部 食品事業四部」って書いてあるんですけど、ここが新規事業部であり、出島組織なわけですよね? なんで四なんですか?

黒田 謎ですよね(笑)。食品事業本部というのは、いわゆるマーケティング部門でして、商品開発とかをやっているところです。そこにもともと食品事業一部、二部、三部がありまして。その一部から三部が主力のカレー製品やスパイスなどを担当しています。そこに、2016年から発足した新規事業を担うプロジェクトチームの3つが集まり、新領域開発部を経て、2021年4月から食品事業四部ができたのが経緯です。

2016年発足のプロジェクトチームは、特にミッションが決められていたわけでもなく、部長もいませんし、本部長直轄で3人だけで何か新しいことを考えて、経営に提案してほしい、と社長から言われたのがスタートでした。

カレーの日々の売上や利益やシェアなどの業務をぶん回してる人たちがいる隣で、僕らはじゃあ何しようか……と、1年ぐらいずっと考えていたのが始まりなんですね。

――すでに何かドラマチック。

黒田 そして、2016年6月くらいに1回まとめて、社長にプレゼンしたんですけど、なんかそういうことじゃないんだよな、みたいな。

すでにハウスが持っている技術でどういうチャンネルを攻めるかとか、それにはこういう製品がいいですよね、みたいな提案したんですけど、ビジネスモデルを変えるとか、ハウスの新しい未来を作るとか、何かもっとドラスティックに考えろ、という話をもらいまして。

それはそうだな……と。それで、ハウスが今まで加工食品でやっていたこととは別のものを提案していったんですね。アンテナショップみたいなものや、惣菜店だったり、インターネット通販など。

そこから徐々に計画をもんでいる時に、阪急百貨店さんから「ハウスとコラボしたい」という話が来ました。他の部署の方に話が行っていたんですけど、「ちょうど考えていたので僕らにやらしてください！」って会社に言って、阪急さんに伺って。その動きの中でカレーパンの専門店を作る、という流れになりました。「カレーパンノヒ」っていうんですけれども。

ハウス食品のカレーパン「カレーパンノヒ」。大阪の店舗だけでなく、ネット通販でも購入可能。甘口から辛口まである。もちろん、美味しい。

――ハウスのカレーパン……。それは食べてみたい……。

黒田　阪急百貨店さんは、ハウスというとカレーのイメージなんで、カレーで何かしたいと。でも、百貨店でカレーライスってなかなか厳しいよねっていう話から、カレーの世界を広げるために、もっと手軽に食べられるものをと。

――いいですね。カレーの世界を（笑）。

黒田　家庭での調理時間が短くなってきていて、レトルトは増えているけど、調理に40分かかるルウの購入が減っている。そのことを僕らの部署の隣にあるカレーの事業部が悩んでいたのを、ずっと横で見ていて。もっとカレーの広げ方あるんじゃないか？ ワンハンドですぐ食べられるものはどうだろう？ それならカレーパンが一番いいんじゃないか。そんな話の中ででき上がったという流れです。

場所ではなく、ミッションが出島

――なるほどおもしろい。カレーパンの他には？

中西 いろいろあるんですけど、every HOUSEっていう、ハウス食品としてははじめてのＥＣサイトを立ち上げる動きもありました。流通に乗せて、スーパーなどで販売していると、意外と自分たちのことをお客さんに伝えられてないなと。でも、専門店、ＥＣだと、直接自分たちのことや想いを語れるわけなんですね。

――それも世界を広げてらっしゃる感じしますね。ちなみに、みなさんの四部というのはどういう風に出島なんですか？

黒田 実は同時に、ハウスの研究所の方でも何か新しいことを生み出そうと、２チームできていたんですね。そこと僕らと統合して一緒になった、新領域開発部というのが、２０１８年４月にできました。
つまり、食品事業本部から出たわけです。別の独立した新しい領域を作る、「0」から「1」を生む部隊として新領域開発部。その部で、カレーパン専門店や惣菜店（2022年に閉店）、ECほかをオープンした。
そしたら今度は、その生んだ「1」を「10」にする部隊として食品事業本部の中にもう一回入れ直したのが3年前の2021年。その時の役割やフェーズによって、変わっているような立ち位置です。

――出島に出して、新しいものが生まれたから本土に入れて。で、また新しいものを生むために出島に出るみたいな。その場所は、0から1を生む新領域開発部の時も、1を10にする現在も、ずっとオフィスはこの本社ビルの中、なんですか？

黒田 はい。

――ということは、場所的に出島ではなく、ミッションが出島なんですかね？

黒田 そうですね。新領域開発部の時は組織図上も出島だったんですけど、今はミッションが出島ですね。

ハウス食品 食品事業四部の出島組織図

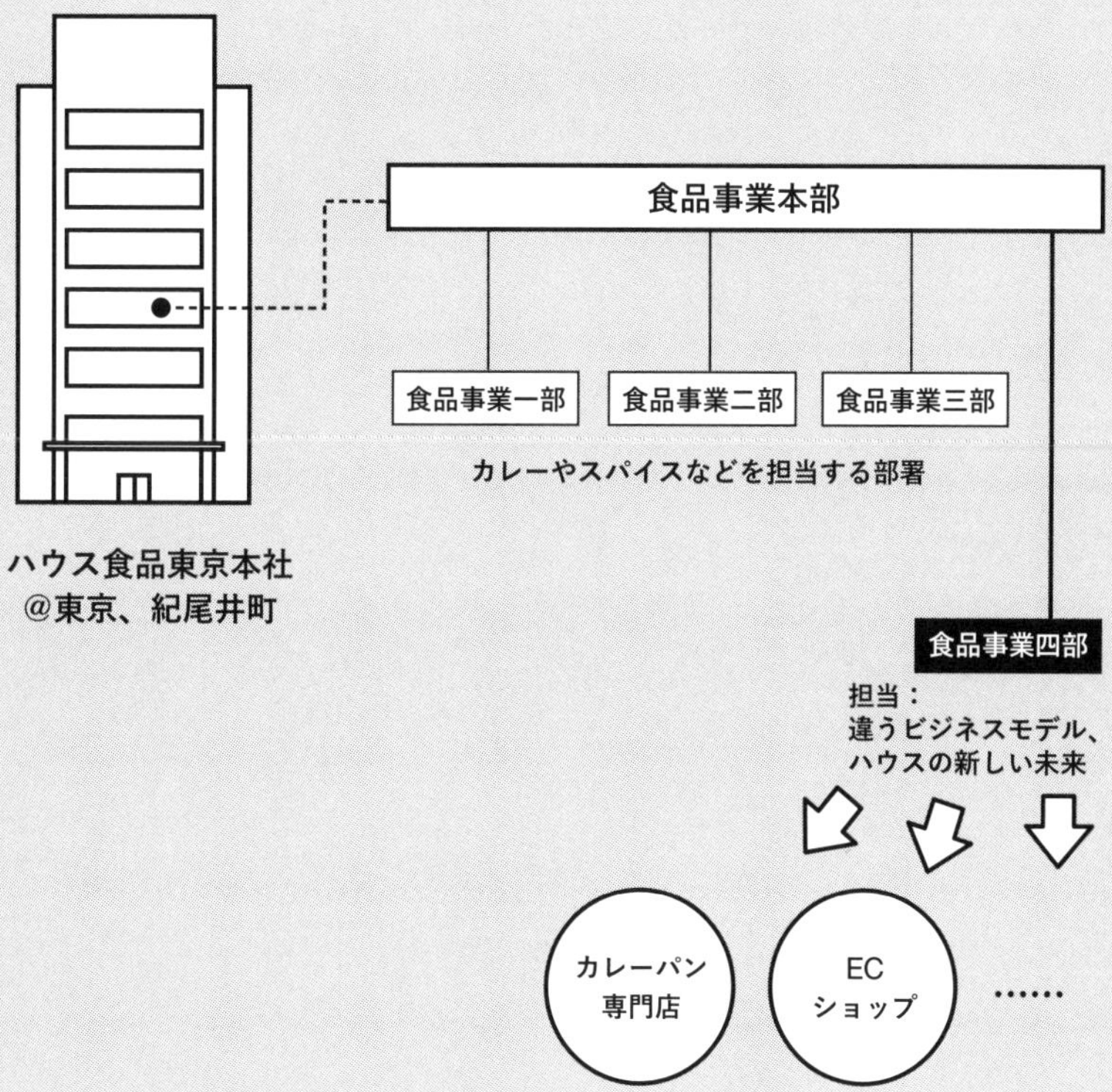

本業を担う食品事業一～三部とは別に新設された、新規を生むための食品事業四部。一時は0→1を生むことに特化した新領域開発部となったが、そこで生んだ1を10にするために本部に戻った状態が現在。本社ビル内で活動するが、本丸と違うミッションを与えられて別働し続ける出島組織。

――やってることはなんですかって聞かれたら？　どういうミッションになりますか？

黒田　ハウスの今の本業から、別のお客様に違う付加価値のあるものを届けるための組織、ですね。

――新しいことするのに、通常業務をされている本業の方々と物理的に同じ場所にいるっていうのは、やりにくくはないんですか？

黒田　僕らの場合、それはないですね。僕も、元々向こう側だったので、彼らが数字的に背負ってるものも、気持ちもわかる。逆に、むしろやりやすいんじゃないかなと。本業のみんなが担当している技術や設備を使って作ってるので、日々お互いに協力しやすい。例えば、カレーパンにもバーモントカレーのブランドを使っています。試作品ができたら、カレー担当のみんなに試食してもらったりして。

――いいですね、それは。ミッションが明確に切り離されているのと、あとは企業文化と黒田さんたちのお人柄がなせる業な気がしますね。

黒田　それはどうかわかりませんけど（笑）。僕らとしては、はやくカレーパン一本で事業部にしたいですし、そこから先は別の会社でもいいと思ってるので、そういう形で出ていく方向に持ってきたいとは思ってますね。

――事業本部に出たり入ったりしていた出島が、どんどん外に飛び出して。本体との距離が遠くなっていく。おもしろいですね。まずはカレーパン食べてみます！　ありがとうございました！

さて、この企業の新規事業タイプ。3つ目は、経験談として、電通Bチームのケースをご紹介しようと思う。ハウス食品と一緒で、社内にある出島組織。そして、本体と違うミッションを持つ、という点も同じだが……。かなり、いろいろと違いがある。その辺りの話を。

新規事業部タイプ

(1-3)

電通Bチーム

DENTSU TEAM B

語り手

倉成英俊

HIDETOSHI KURANARI

撮影場所

電通本社ビル地下（東京・汐留）

プロフィール

電通Bチーム

A面（電通の本業）以外に、個人的なB面（＝私的活動、すごい趣味、前職など）を持った社員たちが集まり、いままでと違うやり方＝PlanBを提案する特殊クリエーティブチーム。2014年7月創設。この写真は、めいめいが自分のB面にまつわるものを持って集まって撮ったもの。当日集まれるメンバーのみだったので、これでも全員ではない。撮影は、Bチームで写真のジャンルを担当する小柴尊昭（2018年頃）。

「好きこそものの上手なれ」×「文殊の知恵」

電通Bチームと聞いて、まず、なぜAじゃなくて、Bなの？と思われると想像するが、まさにそれは的を射ていて、全てはこの「B」のアルファベット1文字に表れている。

Bには、2つの意味がある。

まず、電通の本業をA面とした場合に、私的活動（わかりやすく言えば副業）、すごい趣味、前職で違う業界に勤めた経験がある、大学の専攻が特殊だったなど、個人的な側面＝「B面」を持った社員を集めて組織している、ということ。2014年7月に8人で発足以降、56人までメンバーを増やし、それぞれが自分のB面分野を常にウォッチし、情報を収集、共有している。

どんなB面があるかというと、DJ、建築家、小説家、スキーヤー、インスタグラマー、元銀行員、平和活動家、AIエンジニア、プロダクトデザイナー、旅人、釣り人、教育者、eスポーツプレーヤー、アートバイヤー、元編集者、アナログゲームメーカー、などなど。それがBの意味、1つ目。

2つ目は、このメンバーは、今までとは違うアプローチで、今までとは違うアイデアやコンセプト、つまりPlanBしか出さない、ということ。

なぜなら、世の中の主流が、どうも個人としては違和感があるものが多いと感じていたから。なので、Bチームのメンバーは一個人として、正しい、応援したい、素敵だ、意味がある、と思うものしか手伝わないし、そういう案しか出さない。

ただただ儲かりそうとか、それって社会のためになるのかな、みたいな仕事が来たとしても、「僕らBチームなんで」と言って、断る。逆に、これはどうなるかわからないけどやるべきと思う仕事は全力でお手伝いするし、誰かが世界初でとても意義があるものを思いついた時には、開発費を使って、プロジェクト化、サービス化して、世の中に出す。

古い言葉で言うと、「好きこそものの上手なれ」×「文殊の知恵」。この2つの掛け算を、理想に掲げ、実行する部隊。

それで会社の収益になるの？と思われるかもしれないが、大丈夫。Bチームで作ったプロジェクトや仕事は、それ単体では小さいが、芽が出そうになったら、本業チーム（Aチームというものはないが、仮にそう呼ぶ）にパスして、スケールし、フィニッシュしてもらう。そうするとAもBも双方、自分の持ち場で、みんなが活躍できる。コンセプトをキープしたまま新しいものが、スケールして世に出ていく。具体的に数字は言えないが、収益ものによってはかなり上げていた。

電通の東京だけでなく、北海道や広島、四国、金沢の社員が加入していたこともあるし、一時期は、ロンドン、ブラジル、スウェーデン、タイなどの支社のB面を持った社員ともネットワークを築いていたり。Forbes JAPANで「電通Bチームの NEW CONCEPT採集」という連載で毎月コンセプトを提唱し、100回に到達したり。渋谷のラジオで「電通Bチーム渋谷支社」という番組を持っていたり。Bチームに入りたいから電通に応募する学生が多数増えたり、しまいには博報堂の若手が入りたいと言ってきたりなど、おもしろい成果として語りたいことはたくさんあるけれど、より詳しくは、電通Bチームウェブサイトや、書籍『仕事に「好き」を、混ぜていく。』（翔泳社）に譲るとして。

それよりもここで語らなくてはいけないのは、どんな風に本体から出てるのか？ということだ。

存在が出島

本籍は本社内にある。なので、物理的には出ていない。実際に「Bチーム部」として組織図にも載る組織にしたこともあれば、あえて、そうせず社内プロジェクトとしている時期もある。

何が本体から出ているか、端的に言うと、存在を出島にしている。「Bチーム」という部署の名

電通Bチームの出島組織図

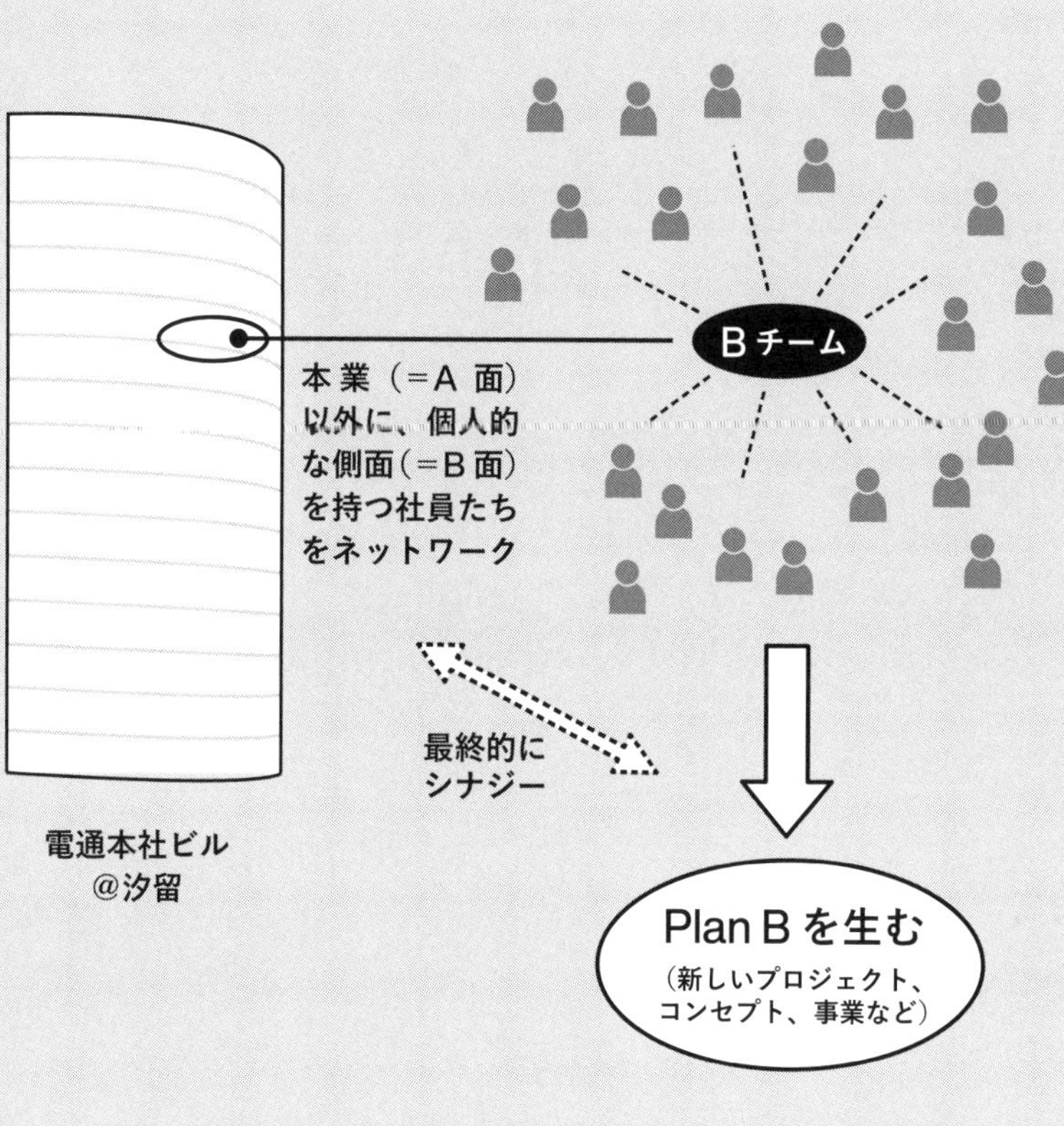

チームの本籍は電通の中で新事業を生み出す局にありつつ、全社にいるB面を持つメンバーをネットワークし、あらゆるジャンルの新しい情報を集め、新しいコンセプト、新しいアイデア、新しいプロジェクト＝PlanBを生む。

新規事業部タイプ

前から明らかな違いを出し、役割を本業と分け、アプローチが違い、社員の能力の起用法が違い、方法論が違い、そして、メンバーはBの文字を型抜きした違う名刺を持ち、Bチームの○○担当特任リサーチャー（○○には各人のB面が入る）と肩書も違う。そうすることで、違う仕事の流れが起き、違うアウトプットが生まれるという仕組み。

どうしてこういう形になったかというと。もちろん、会社からこれやって、と言われて作ったわけではない。社から最初に依頼されたことは、全く違うもので、それを拡大解釈し、一番成果が上がる形はこれだな、と変形させ、自主的に生まれた形。

自分たちの話は、話せばもっとたくさんあるが、一旦これくらいにしておこう。

とにかく、ここで言いたいことは、一口に、企業の中の新規事業部の出島、といっても、いろんな形があり得る、ということだ。

その企業が置かれた状況、文化、課題、などに応じて、いろんな出島としての「出方」がある。場所が出ている。組織図上出ている。精神的に出ている。ミッションが本業と違う。名前が違う。名刺が違う。など。

出ればいい。何かしら。何でもいいから。

ただ。うまくいっているチームは、必ず本体とシナジーを起こしているということは、言っておきたい。

出てるから、動きやすい。出ているから、新しいことをしやすい。そのことを利用して、本体組織が生めないことを生み出して、本体組織にもメリットを生んでいる。または生む計画がある。

なぜなら、出島は本土と橋がかかっているから。出てるだけでは、離れ小島だ。出て、小さな何かを生み、その変化が本土にも社会にも波及するようなシステム。それが出島組織だから。

さて、ベーシックな形を押さえてもらったところで。次からは、さまざまな形を、もっとディープなインタビュー形式でご紹介していこう。

（まとめ）

出し方は、自由。さあ、外に出そう。

江戸時代の出島は、物理的に海に出ていたが、21世紀の出島である出島組織には、こうでなければならぬ、という出方はない。場所を分けるべきだ、なんて書いてある文献もあるが、教科書的にやる必要はないと思う。だって、組織によって、課題も、理想も、文化も、立地も、ビジネスモデルも、それぞれ違うんだから。場所。組織図。ミッション。名前。名刺。肩書。精神的に。やり方。などなんでもいい。外に出せるものを、何かしら、出す。そして、別働部隊にする。そして、ハウス食品の事例のように、その出島は、出たり入ったり、その時に応じて変わるのすら、アリ。そういう風に自由にできるのも出島組織の魅力。出島組織というコンセプトは、アノニマスで、自由なもの。だから、縛られる必要なし。自然発生的な「運動」なのだから。事例を見るだけで、それもアリ、これもアリかと、自由な気分になってくるだろう。そして、自分なら何やろうかなと、思い始めてしまうだろう。さあ、可能性の場所、出島を、未知の海に向かって出して、または出て、始めよう。

2

新会社タイプ

社内に属した新規事業部ではなく「新会社」としての出島組織。

本体から物理的にも距離をとり、新しいミッションのために新会社として独立することで、どんなチャレンジが可能になるのか。

どんな困難があり、それを乗り越えていくためのどんな工夫があるのか。

国内外で今注目を集める2社に話を聞いてみた。

1社目はシンガポールに拠点を置くコンテナ海運会社「ONE」。

2社目は日本初のデジタルバンク「みんなの銀行」。

これまでになかった会社を立ち上げ、社員の気持ちを一つにして、軌道に乗せていくプロセスにおいて、どんなマインドセットを持つべきなのか。

たとえ業種が違っても、参考になることに満ちていた。

新会社タイプ

(2-1)

ONE

OCEAN NETWORK EXPRESS

話し手

岩井泰樹

YASUKI IWAI

マネージングディレクター

聞き手

中村直史

TADASHI NAKAMURA

インタビュー場所
ONE（シンガポール）

プロフィール

岩井泰樹

海外への強い憧れから海運業界へ。15年間の海外勤務を経て、ONE（OCEAN NETWORK EXPRESS）の設立に参画。2017年より現職。横浜ベイスターズの大ファンでもある。

コンペティター3社が事業をスピンオフして、一緒になる

――シンガポールのONEに来社して、まずオフィスに驚きました。

岩井 いいでしょう？　我々はコンテナ海運の会社なので、会議室もコンテナです。

――しかも色がピンク。そしてガラス張りですね。どうしてなんですか？

岩井 いいこと聞いてくれました。密談しないためです（笑）。

――どういうことでしょう？

岩井 我々は、日本の海運3社のコンテナ海運部門がスピンオフして生まれた会社です。いわゆる統合した会社と言われるのですが、自分たちでは統合ではないと思っていまして。

――統合じゃない……なんだかおもしろそうな話ですね。

新会社タイプ

ONEヘッドクオーターの会議室はコンテナ型。常設のカフェもあり、勤務時間を過ぎた17時半以降はビールも無料で飲める。

岩井 統合となると、こちらの会社の思想と、あちらの会社の思想を混ぜるとか、社内にどの会社出身の派閥ができるとか、そういうことになりがちですが、それだとなかなかうまくいかないんです。だから私たちは「全く新しい会社をゼロから立ち上げますよ、そこにみなさん入ってください」という考えで新会社を作ったんです。

――出自を引きずるのではなく、ゼロからフレッシュに。

岩井 そうです。だからまず全く新しい存在となるために、ブランドカラーも今までのコンテナ業界では考えられない色にしました。

――この派手なピンク色は「これまでと違った、新しい存在になる」という意思表示なんですね。

岩井 はい。さらに会議室も役員の個室も全てガラス張りにして、オフィスもワンフロアで見通し良くして、特定の仲間で集まって密談しているとか、そんなことが一切ないようにして、必ずみんなで一つになって世界のために仕事をするぞ、と。

――まさに〝ONE〟ですね。でもなぜそんなに強い意志を込めてONEを作る必要があったんですか?

岩井 定期コンテナ船事業は、何百万個ものコンテナや、それを運ぶ巨大な船など、巨額の投資が必要です。けれど年々、世界の貿易における日本の地位が下がる中で、なかなか個別の会社では大きな投資も難しくなっていました。このままでは、世界の巨大資本のコンテナ会社に全く太刀打ちできなくなってしまう。そうなると、あらゆるものを輸入に頼る日本のみなさんの生活を支える海上物流が成り立たなくなるかもしれない。ならば、コンペティター同士だった3社が事業をスピンオフして、一緒になることでスケールを持ち、新しい未来を描こうと。簡単に言えば、そういうことです。

「人の成長」こそ、売上や利益といった数字をも超える

――ONEってあまり知られていない存在ですけど、実は日本の生活に直結する話だったんですね。ではどうしてシンガポールに出島のように「出る」必要があったんです?

岩井 もし我々を出島ととらえるならば、次に示す図の形になります。Nは日本郵船、Mは商船三井、Kは川崎汽船になります。それぞれの事業のうち「定期コンテナ船事業」をスピンオフして生まれた新会社がONEです。本社がシンガポールで、世界5カ所（※24年4月以降は6カ所）に地域拠点、約120カ国で事業を展開しています。そして、なぜシンガポールか。一つはシンガポールが海上物流の中心ハブであること。もう一つは、完全に新しい会社を作る必要があったこと。意思決定がスピーディーで、若い人たちがイキイキと活躍できる全く新しい企業体です。でなければ世界の巨大海運会社に太刀打ちできないですから。だからあえて慣れ親しんだ日本を離れて、国際競争の最前線に出るしかないと考えたわけです。そうすることが、結果的には日本にいる本体のみなさんに利をもたらし最大の恩返しにもなる、そう信じてみんなで進んでいきました。

――どのくらいのスピード感でやったんですか？

岩井 すごく大規模な統合を1年ぐらいでやるという無理難題だったんですけれども。

――小心者の僕は考えただけで胃が痛くなります。

岩井 はい。もう大変な日々でした。けれど、多様なバックグラウンドを持つプロジェクトメンバー

ONEの出島組織図

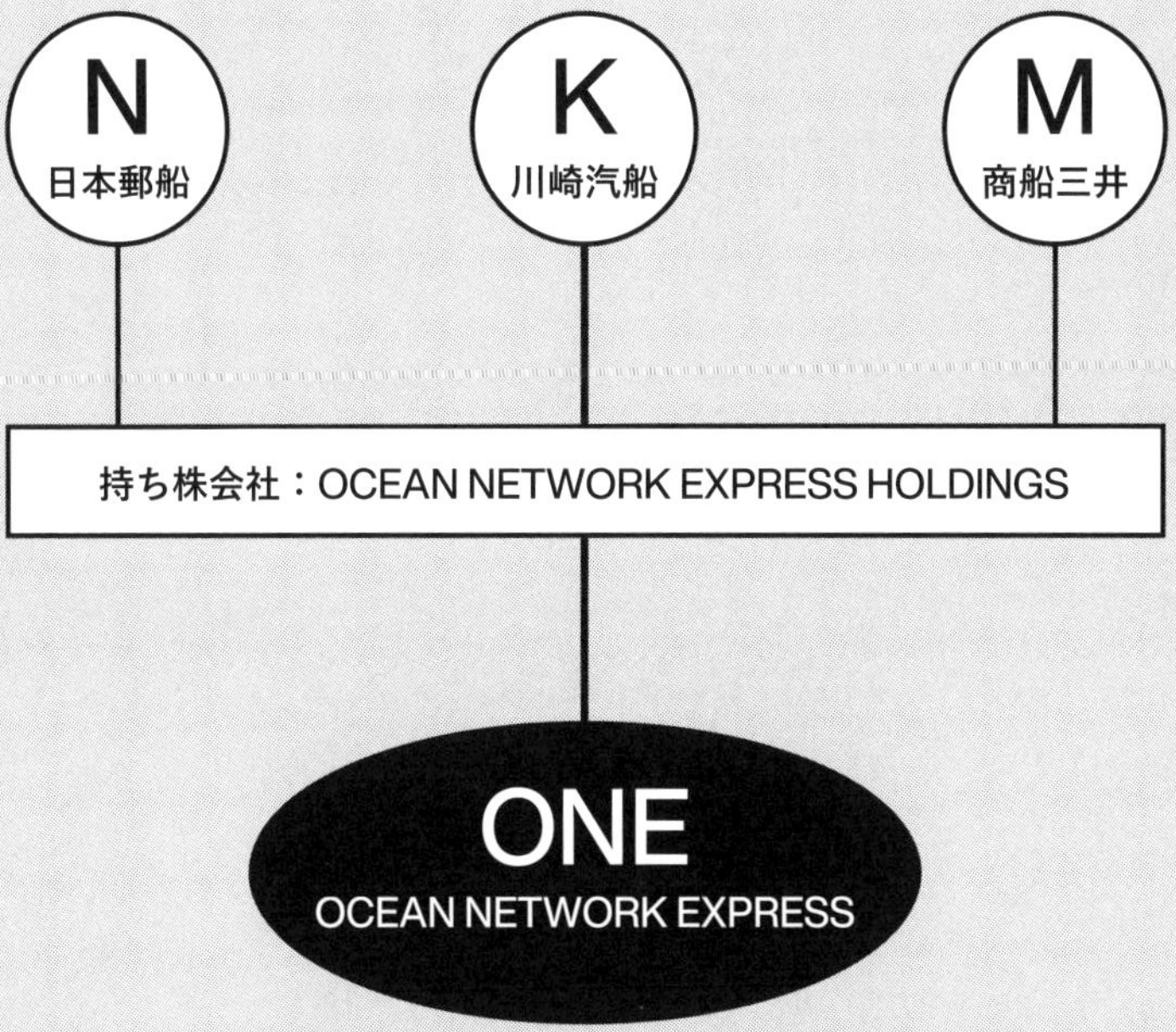

日本の商船3社がそれぞれの定期コンテナ船部門をスピンアウトして事業統合することで生まれた。持ち株会社のもとに事業会社ONEがある。拠点も日本を離れてシンガポールに出ている。

たちが、本当に頑張って素晴らしいチームワークで成し遂げることができました。2年目で黒字化し、そして今5年経ったところですが（※2022年時点でONEは2年連続2兆円近い利益を出した）、この先もサステイナブルにずっと会社を成長させて、強くしていかなきゃいけないというのが今の課題です。そのためのカギとなるのが人です。日本の船会社には先人たちが築いた「自由闊達」という素晴らしい伝統があるんです。なので、今回ONEという新しい会社を作る時に、もう一度ゼロからリセットして、若い人が自由闊達にチャレンジできる企業文化を作りたかったんです。

――日本のいろんな大企業にとってヒントになりそうな話ですね。

岩井　その結果、今このONEという会社は、特に若い人たちにとって非常にやりがいがあっておもしろい場になっています。例えば、シンガポール本社で働く社員の国籍だけでも19カ国の人が一緒に働いています。19カ国の人が一緒に働いていると、小さな違いなんてものは忘れちゃうんです。デジタルのプロジェクトにしろ、環境のプロジェクトにしろ、地球の未来を支えることを、世界中のみんなでそれこそ「一つになって」成し遂げていく。そんなスケールの大きさもありますし、ここにいる若い人はとても成長できます。この「人の成長」こそ、売上や利益といった数字をも超える、大切な私たちの成果です。ここで芽吹いた新しい文化や社風を、そして人材を、どうやって未来につなげていくかが今一番の課題ですね。

出島にとっての成功とは「出島じゃなくなること」

――大袈裟かもですけど、その先に日本の未来もある気がしました。ちなみに失敗談とかあるんですか?

岩井 あらかじめ想定していたとはいえ、最初の1年ぐらいは、たくさんの混乱がありました。さらにコロナもあって。「1年で統合プロジェクトを完遂しなければ」とか「未曾有のコロナ禍を乗り越えなきゃいけない」というのは、本当に大変な状況でしたし、小さな失敗もたくさんあったと思います。でも、変な言い方ですが、今にして思えば、これらの困難も失敗も、みんなが一つになるために非常にいいプロセスでした。ONEのコアバリューの中でも「チャレンジしよう」「失敗してもいい」と、わざわざ言っていいます。お飾りの言葉ではないんですね。本気でそう思っています。

――日本を離れて、自由闊達な雰囲気の中にいるから、やってやろうと思えるのかもですね。振り返ってみて、出島組織としての成功のヒケツって何でしょうか?

岩井 出島にとっての成功とは「出島じゃなくなること」だと思うんです。

――出島じゃなくなる……どういうことですか？

岩井 出島組織という形態で始めたものが、きちんと自立・独立した一企業になること。強く、そして、ずっと続いていく会社になることだと思うんです。それは、元々の本体の方々に対して企業価値を上げてお返しをするということでもあります。いろんな意味で、ただ出ている会社ではなく、一つの独立した会社なんだ、と言える状態に持っていく。その気持ちを大切にすることだと思いますね。

――僕は自分の子どもたちにしっかり自立して、それぞれらしい人生を、自分の足で歩いていってほしいです。ずっと僕の出島ではないですからね。そんなことを考えてしまいました。もし、新会社設立のプロジェクトを始めた頃の自分に声をかけるとしたら何と言いたいですか？

岩井 これまで大変な道のりでしたが「大変なことをみんなで力を合わせてやる」「世界中の人と一緒になって何かを成し遂げる」というのは、なかなかできることじゃないし、とても恵まれたことだと思うんです。「一つになる」ということを、社名自体が掲げている会社ですからね。もし昔の自分に何か言えるとしたら「この時間をとても大切にして、仲間を大切にして頑張れ」と言いたいです。「結果を恐れずに頑張れ」と。

新会社タイプ

(2-2)

みんなの銀行

Minna Bank

話し手

永吉健一

KENICHI NAGAYOSHI

取締役頭取

聞き手

中村直史

TADASHI NAKAMURA

インタビュー場所
みんなの銀行（福岡県福岡市）

プロフィール

永吉健一

1995年に福岡銀行入行。2007年のふくおかフィナンシャルグループ設立や新規業務の企画立案に従事。2016年には企業内ベンチャーであるiBankマーケティングを1万円で起業し、その後、日本初のデジタルバンク「みんなの銀行」設立を主導。

10年先ならば何ができるようになっているかわからない

――銀行員ってスーツ着てなくていいんですか？　しかも頭取が。

永吉　いい質問ありがとうございます(笑)。我々は、時代にフィットした新しい銀行のあり方を作っています。だからスーツは着ません。

――スーツは着ないとしても、銀行っていろんな規制でしばられていますよね？

永吉　はい。銀行はその安全性を確保するために、たくさんの規制によってそのあり方を規定されています。けれど、我々「みんなの銀行」のそもそものはじまりは「それらの規制にしばられないとしたら？」というお題からなんです。

――規制にしばられないとしたら、銀行はどうなるか。

永吉　はい。きっかけは、２０１４年頃に会社のトップから「銀行が10年後どうなっているのかを想像して、今から何ができるか考えてほしい」と言われたことでした。その時もう一つ付け加えられた言葉があって「今の銀行の延長線上じゃなくてもいい」と。銀行って規制業種なので、ふつうに考えたら新しい事業なんて何にもできない。でも10年先ならば何ができるようになっているかわからない。そんな中でまず生まれたのが、iBankマーケティング（以下iBank）という会社であり、若い世代向けにスマホに特化したネオバンクというジャンルの金融サービス「Wallet⁺」でした。

——僕も「Wallet⁺」使ってます。お金の管理と情報とが結びついていて、便利ですよね。でもその最初のiBankはどうして「出島」になったんですか？

永吉 会社のトップは当初、この事業を会社の「中で」やらせようとしていたんです。けれど私たちは「銀行から出ないとできない」と思っていました。だから、銀行の本体では決してできない機能やサービスを事業構想に織り込んで、つまり、銀行の外に出ないといけないという既成事実をまず作って、出島的に外に会社を作らせてもらいました。これが私たちの第1段階「iBank」の始まりです。

——物理的にも、外に出たわけですよね？

永吉 はい。できるだけ影響を受けず自律的活動をしようと、オフィスも銀行本体から離れた場所に作りました。

——物理的に離れて、出島となって会社をはじめてみてどうでした？

永吉　会社を外に作ったことで、世の中のスピードや変化をダイレクトに感じるようになりました。すると今度は「銀行って、本当にこのままで大丈夫なんだろうか？」「銀行そのものをドラスティックに変えるべきなんじゃないか」という危機感と使命感を持ってしまって。なので、実はiBankのサービスを立ち上げて7カ月後には、これからの時代に本当にフィットする「完全デジタルの、新たな銀行をゼロから作りたい」という企画を上層部の人たちに提案したんです。

——銀行にとってはずいぶんチャレンジングなiBankの事業が立ち上がったばかりですよね？　そこで、銀行をゼロから作るべきだと言ったんですか？

永吉　はい。

——何言ってんだ、とか言われませんでした？

永吉 言われてもしょうがないですよね（笑）。iBankの事業も始まったばかりで、まだお客さまもいなければ、毎日システムの障害とか起きて大変な日々を送っていたんです。けど、それでも「じかに危機感を抱いている自分たちがやらないと、誰もやらない」という使命感から、企画を作ってしまいました。そこから二足のわらじでさらに茨の道を歩むことになりました。

――その使命感は、どういうものなんですか？

永吉 これまでの銀行では、これからの人たち、つまり未来のお客さまのニーズに応えきれない、銀行は進化しなきゃいけないという使命感ですね。でもそれよりも、外に出て、自由になっていろいろ取り組んでみると「できることはいっぱいある」という実感があったんです。だから、より大きな「銀行をゼロから作る」なんて途方もないプロジェクトでも「できるんじゃないか」と変な自信をみんな持ってました。

経営陣一人ひとりを説得

――おもしろいですね。物理的に会社の枠を外れたことで、これまでの考え方の枠もなくなったんですね。ちなみにその時、何人くらいのメンバーでやってたんですか？

永吉　3人ぐらいですね。

――少ないですね。iBankに続き、その少人数でさらにチャレンジングな提案をして、経営陣は「はい」ってなるんですか。

永吉　ならないですね。ならないんですけど、実は経営陣も「総論はみんな賛成」だったんですよ。「やっぱりそうだよな」みたいな。iBankの成功自体はもうちょっと後のことでしたが、ただその時点で、一つの形になりつつはあった。だから「あれが形になるのなら、こちらもできるかも」という直感はあったんですね。ただ「銀行を作る」ってものすごくお金と人が必要になるわけです。なので、プロジェクトのゴーサインが出るまで2年かかりました。

――2年！　その間どんなことをしてたんですか？

永吉　経営陣一人ひとりを説得してました。

――言葉はアレですが、非常に面倒そうだと思いました。

永吉　いや実はそれが良かったんですよ。

――何が良かったんですか？

永吉 めちゃくちゃ大変でしたけど、そのプロセスのおかげで、計画がものすごく磨き込まれたんです。2年の間、業務領域や役割が違う立場の経営層と議論して、説得を重ねる中で、何が課題で、何をしないといけないか、とても明確になっていきました。

――結果的に、意思決定者のみなさんを巻き込んでの磨き込みのプロセスになったってことですね。

永吉 はい、そうなんです。検証しておかなきゃいけないことをし尽くすことができました。組織の立ち位置としては、出島組織図のようにふくおかフィナンシャルグループというホールディングカンパニーから１００％出資を受けて、みんなの銀行という会社があります。ホールディングの下に福岡銀行、熊本銀行、十八親和銀行、福岡中央銀行が並んでいる中での並列の兄弟会社みたいな関係ですね。
この4つの銀行は、福岡、熊本、長崎のいわゆる支店業務を中心とする「地域金融機関」です。一方、みんなの銀行は全ての手続きが完全にスマホで完結する、支店も持たない、新しい形態のデジタルバンクです。口座開設も預金も送金も全て、24時間３６５日、スマホ一つで簡単にできます。デジタル起点なので地域に関係なく、日本全国を営業基盤にしています。地域に根ざしてきた私たちが、地域を超えていけるおもしろい仕組みになっています。

みんなの銀行の出島組織図

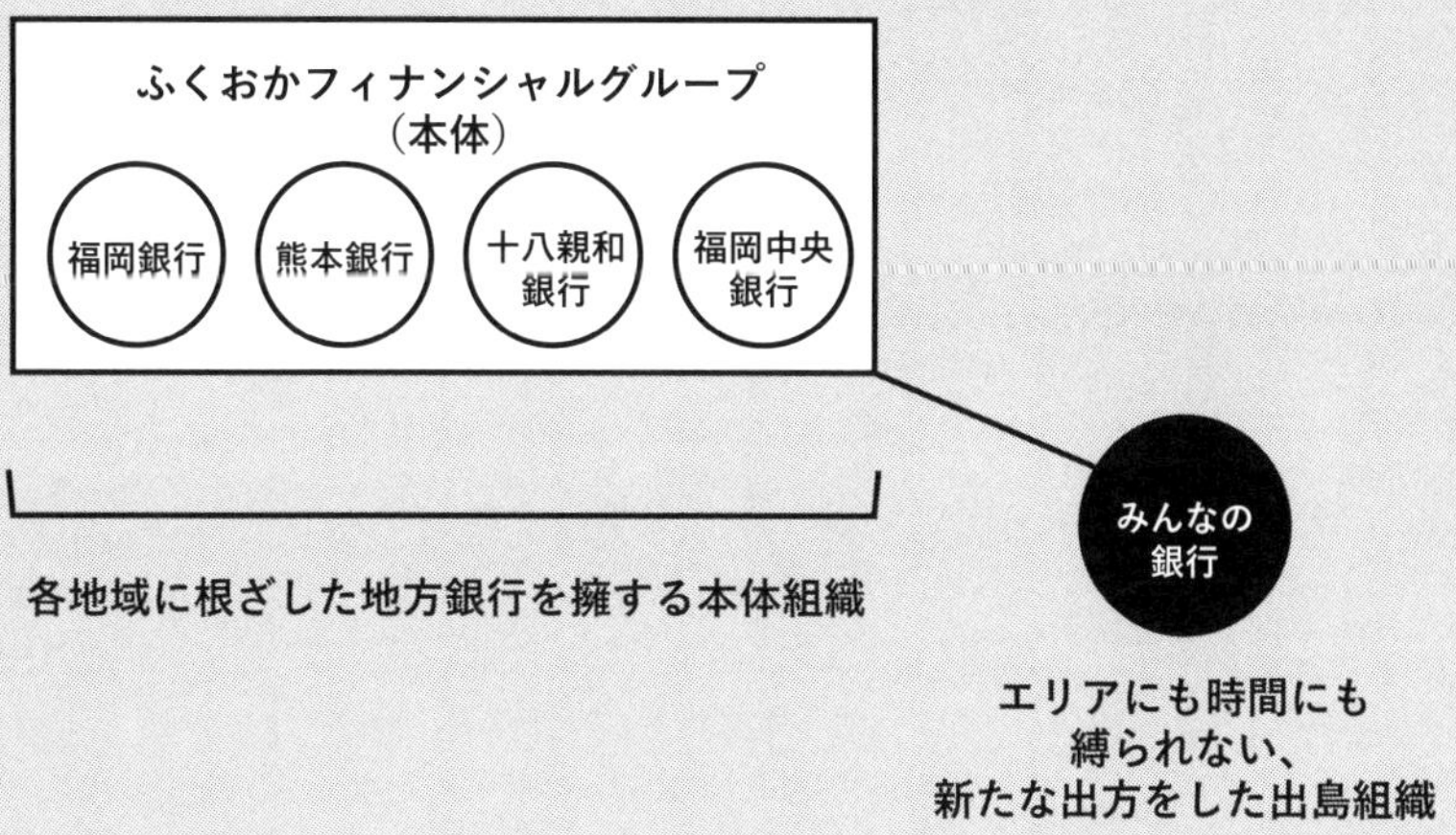

ふくおかフィナンシャルグループは「シングルプラットフォーム・マルチブランド」の戦略のもとに、各エリアに根ざした地方銀行からなる。この本体組織から、エリアにも時間にも縛られない、新しい出方をした出島組織が「みんなの銀行」である。

アジャイルにピボットしていく

――出島として枠を出て、今度は地域という枠も飛び出してしまったと。出島的な動きとして、すごい成果といえますね。

永吉　そうですね、成果という意味ではまず「銀行を作る」という壮大なプロジェクトで、いろんな壁にぶち当たりながら形になったという意味で、マイルストーン的に一つの成果だと思っています。別の観点で言いますと、既存の銀行にとっての「先行指標」になれたことも大きいです。本体の銀行に比べて、我々の新しい銀行は自由にチャレンジがしやすい。そこで出た結果やプロセスを、どんどん本体が逆輸入してるのが今の状況だと感じています。

――どんな逆輸入なんですか？

永吉　特にデジタル化の文脈で、我々がトライアル・アンド・エラーの中でうまくいったものをどんどん本体の銀行に還元する役割を担っているんです。例えば、みんなの銀行は、フルクラウドで基幹システムを動かしているんですが、これって金融の世界ではものすごいことなんです。最初は誰もが「どうせ失敗する」と思っていたと思います。でもちゃんと稼働している。

INSIGHT
Into the Customer
顧客が「次に」欲しいと思うモノを誰よりも先に創ろう。
Nothing is Impossible
「できない」ではなく、どうしたら「できる」かを考えよう。
Stand United with Compassion
常に「思い遣り」の精神を持とう。
Inclusion & Diversity
みんなちがって、みんないい
Give Many "Likes"
「いいね！」をたくさん口に出そう。
High Heat!
「熱量」の高さで結果に差をつけよう。
Take the Lead

みんなの銀行のオフィス風景。日本初、全てのサービスがスマホで完結する新時代の「デジタルバンク」のオフィスは、銀行という感じがしない。

ここで得られた知見は我々のグループにしかないもので、最大限活用できる知恵やノウハウになっています。これまで銀行が苦手だった「顧客の声を細やかに拾って形にする」ということも、まず我々が実行して、サービス化し「これはマーケットフィットするな」という手応えが得られれば、グループ全体で取り込んでいけます。

——規制に縛られてなかなか新しいことができない銀行本体にとっての、いわゆるリーン&アジャイルな実験係になっているということですね。出島だからこその価値ですね。

永吉　あとは人や組織カルチャーといったことが、出島で新規事業をしている一番の意味とも思っていて。

――事業内容よりも、一番ですか？

永吉 そうです。例えば1万人いる人事のルールを変えるのってすごく難しいんですよ。だからこそ、まず私たちのような比較的小さな組織で、組織体制とか人事の制度も作り替えてみて、それが成功すれば、本体の銀行に少しずつ取り込む。そんな先行指標になっています。

――今聞いてて発見だったのは、サービスだけじゃなく「組織カルチャー」としても銀行の10年後を常に実験している。つまり出島が、場所だけじゃなく時間的にも未来に飛び出た出島になっているわけですよね。とてもおもしろいですね。ちなみに失敗談とかありますか？

永吉 小さな失敗の山があり過ぎて、何が失敗かよくわかんないですね（笑）。サービスも会社もゼロから作っているので。ただ大きな失敗というのは私の中ではまだないんですよ。スティーブ・ジョブズがよく「失敗とはほとんどの場合、成功が何であるかを獲得していくプロセスだ」みたいなことを言っていました。僕もそう思っていて、全く新しいことにチャレンジしているので、失敗の積み重ねと軌道修正をしながら成功へ向かっている、という感触があります。

――実体験として語られると言葉がより伝わります。もう一つ、永吉さんはふだんから提案への判断がすごく速いと感じているんですが、どうしてなんでしょう？

永吉 動物的な嗅覚というか「これはおもしろくなりそう」みたいなカンは長年いろんな経験をさせてもらっているがゆえにあると思います。あと、誰からその提案が上がってくるかがすごく重要で。「信頼」という言葉を、我々みんなの銀行の価値観の中でも大切にしてるんですけど。信頼に足る人からの提案とかアドバイスであれば、素直に受け入れて、やってみようっていうのはすごく思いますね。

――見えない未来に向かっていくときに、どれだけ信頼できる人たちとつながっているか、ということですかね。ほかにも、出島組織としての成功のヒケツみたいなことってありますか？

永吉 計画がどんどん変わっていくのを、どうリカバリーできるのか。経営者だけではなくて、働いているメンバーも一緒に、当初の計画がフィットしなければ都度見直し、アジャイルにピボットしていく。こと新規事業に関しては、ここが一番重要だと思います。

――新規事業をスタートした10年前の自分に語りかけるとしたら、何を言いますか？

永吉 「10年後にはこうなっているから」と一番の近道を教えてあげたい気持ちもある程度ありますが……でも近道すると、今みたいなスピリッツは持てないかもしれない。そうすると、そこから先の困難に立ち向かえないかもしれない。だから近道は教えないかもですね。

（まとめ）

使命感を覚悟に変えていくプロセス。

海運業と銀行業。どちらも社会を支える基盤となるような業種で、歴史も長い。そうすると会社はどうしても自由な動き方がしづらくなってくる。でもそのままでは変化できずに、新たなニーズに応えられないまま時代から取り残されてしまう。そんな中、本体とは切り離した組織になり、ビジネスとしても成り立たせていくべく新会社となる。それは使命感を覚悟に変えて、変化を現実にフィットさせていくプロセスだ。同様の状況にある日本の伝統的企業はとても多いはずなので参考になればと思う。「出島にとっての成功とは、出島ではなくなること」という言葉も強く印象に残った。これも、本当に本体の利になることは何か、その本質を見据えた上での覚悟の表れだと感じる。また岩井さん、永吉さんともに「人材やカルチャー」の重要性を一番に挙げたのも印象的だった。伝統的なビジネスを新しくしていくためには、人のマインドを新しくする必要がある。出島にはそんな「人が育ち、新しくなっていく場」としての重要な役割があるようだ。

3 外部連携タイプ

江戸時代。

鎖国政策をとっていた日本の中で、外との唯一の窓口となっていた出島を通じて、さまざまなものが行き交い、新しいものが生まれていった。

時は流れて21世紀。

多様な外部パートナーと組んで新しいものを生むオープンイノベーションの必要性がますます高まる中、本家出島と同じように、外との連結機能を果たしている出島組織が多数存在する。

その代表事例として、ＪＲ東日本スタートアップとCalbee Future Laboの2組織にお話を伺った。

内と外をつなぐために、どんな橋の架け方をしているのだろうか。

外部連携タイプ

(3-1)

JR東日本スタートアップ

JR East Start UP

話し手

柴田裕

YUTAKA SHIBATA

代表取締役社長

聞き手

倉成英俊

HEDETOSHI KURANARI

インタビュー場所

TokyoYard Building（東京・高輪）

プロフィール

柴田裕

1991年JR東日本入社。駅での勤務から財務・IRなどの企画業務、小売業などに従事。2018年2月、JR東日本スタートアップ代表に就任。「JR東日本スタートアッププログラム」の開催などを通じ、「スタートアップ企業×JR東日本」によるイノベーションの社会実装に尽力している。

橋渡し役としてのコーポレート・ベンチャーキャピタル

――事前のメールでは、全然普通のオフィスです、とおっしゃってたんですけど、全くの謙遜でしたね。ビル入口からすでにめちゃくちゃオシャレじゃないですか！　2FがPlayGround、4FはPlayListとか書いてあって。総務課とか人事とかじゃなく。楽しそうな感じになってて。

柴田　いらっしゃいませ。基本的には出島なので、あんまり組織みたいなのは入ってないんですよ。うちとスタートアップ企業が入ってるのと、あとはサテライトオフィスになってるんで、いないです、総務課とか。PlayGroundは、自由に使っていいイベントスペースみたいな感じで、それ以外は大体サテライトオフィスやシェアオフィス。

――あとエレベータ前には、楽しくやれよ、みたいなビジョンが横文字でオシャレに書いてあって、いろんな人が来たくなりそうな感じ満載ですね。では組織のご紹介をお願いします。

柴田　はい。JR東日本スタートアップは、2018年にできたJR東日本が100%出資するコーポレート・ベンチャーキャピタル（以下CVC）でして、JR東日本グループとスタートアップ企業をつなぐために作った組織体です。

自称、事業を作るCVCと言っていまして。ベンチャーキャピタルは普通、出資が大きな柱ですけど、僕らは事業を作る方に注力しています。スタートアップ企業って、JRからしてみるとエイリアンなんですね。そことJR東日本をつなぐには橋渡し役がいる。その役割をしているのが僕らの会社です。

——**橋渡しのための出島組織は、どういう風に外に出ているんですか？**

柴田 紙芝居を作ったんで、それで説明していいですか？

——ぜひぜひ。

柴田 うちの本土であるJR東日本はでっかいですから。社員5万人とかの中で、最初3人で、離れたところに、出島を、もうポツンとちっちゃく（図1）。スタートアップ企業向けに、勝手にここの出島だけ「開国」したんですね。
そこで僕らは、アクセラレーション・プログラムを始めた。JRが持ってる駅とか、駅ナカ、駅ビル、ホテルとか使って一緒に何かやりたい「新しい企業ありませんか〜」って。
そうすると、いっぱい船がやってくるようになって。意外と本土の中で一部、おもしろいって関心を持ってくれたので、その辺から新しい事業を作っていきました（図2）。それで、調

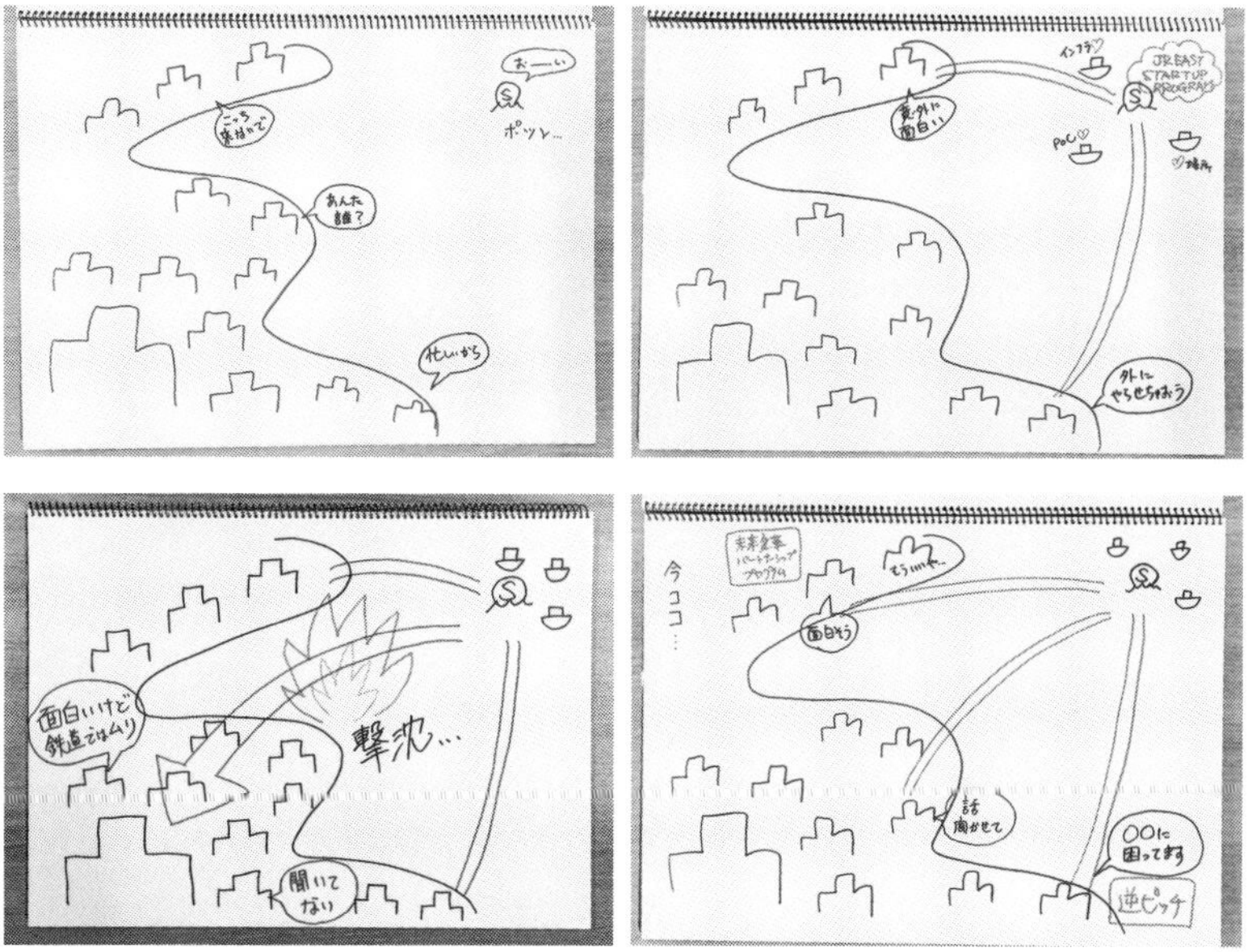

スケッチ帳に柴田さんが手描きされた、JR東日本スタートアップの出島組織の変遷。（図1左上、図2右上、図3左下、図4右下）。

子に乗って、いざでっかいお城がある本丸に突入したら……、もう完全にこれが炎上してですね。撃沈しました（図3）。

ただし、本丸の脇っちょ側が、意外に関心を持ってくれるようになって、その周辺から仲間にしていこうかな、みたいなフェーズになり（図4）。

——順調そうに見えて、試行錯誤の歴史あり、なんですね。これ、現在を表す図4では、出島が長崎以外にも、横浜とか神戸とかにも、橋がかかってるような感じですか？

柴田 そうですね。橋がかかってるのは、鉄道の本丸の運行部門とかじゃなくて、特にＪＲ東日本グループの中でも商業系が多いですね。駅ナカとか、駅ビルとかって、他にライバルがいて競争があるんで、独自性作りたいわけですよ。あとは、グループ会社とか子会社。実際に実務やってて、人手不足とかでどんどん新たなテクノロジーを取り入れないと死活問題なので。

トップから言われた「二度と説明に来るな」の真意

――そもそもなぜ出島として出る必要があったんですか？

柴田 先ほども話しましたが、スタートアップ企業っていうのは、大企業にとってみるといろんな面で、もう完全にエイリアンなんですよ。時間軸も違えば、文化も考え方も違うので、わかり合えないですれ違いやハレーションが起きるばかり。なので、完全にスタートアップ企業と一緒にコミュニケーション取って事業を作る母体として、エンティティ（実体）をもう完全に出島として作る必要があった、っていうのが、出た理由ですね。

――それで、やりましょう！って言ったと。

柴田 いえ、最初に言ったのは、実は若手なんですよ。スタートアップ企業と連携したいっていう、

ＪＲのまさに本土の若手の発案が、結構前にあって。ただ何回かつぶされてるんです。その後、ＪＲ東日本グループが中期計画を作るタイミングで、はじめてオープンイノベーションっていう言葉が、たまたま大きな柱になった時があったんですね。人口減少が、鉄道事業に直撃する。今まではオペレーショナル・エクセレンスを追求してればよかったかもしれないけど、これから日本に来る未来ってのはとんでもない未来。僕らドメスティック企業ですから、今まで通りにやってたら衰退するのが、完全に目に見えてて。中計の議論で「会社作ろう」ってなった時に、僕が経営企画的なセクションでたまたまその担当だった。いい流れだなって思ったんで、先ほどの若手の案を「今ならいけんじゃね？」と、いろいろ説明したら、じゃあお前ら出島作って本気でやれ、と、やんちゃが通った感じです。

――そのトップの方々とは、どう連携されてるんですか。報告とか。

柴田　別に報告に行ってもいいんですけど、本当にしないんですよ。裁量を得て、自由にやるっていうのが、この出島のまさに特区の魅力であり、強みであって。第一号のスタートアップ企業との連携案件だけ、事前説明に行ったんですね。「よろしいでしょうか」と。その時のトップが「うん、わかった」と。やれと。「ただし、二度と説明に来るな」って。説明に来るヒマあったら仕事しろと。それから１回も行ってないです。

JR東日本スタートアップの出島組織図

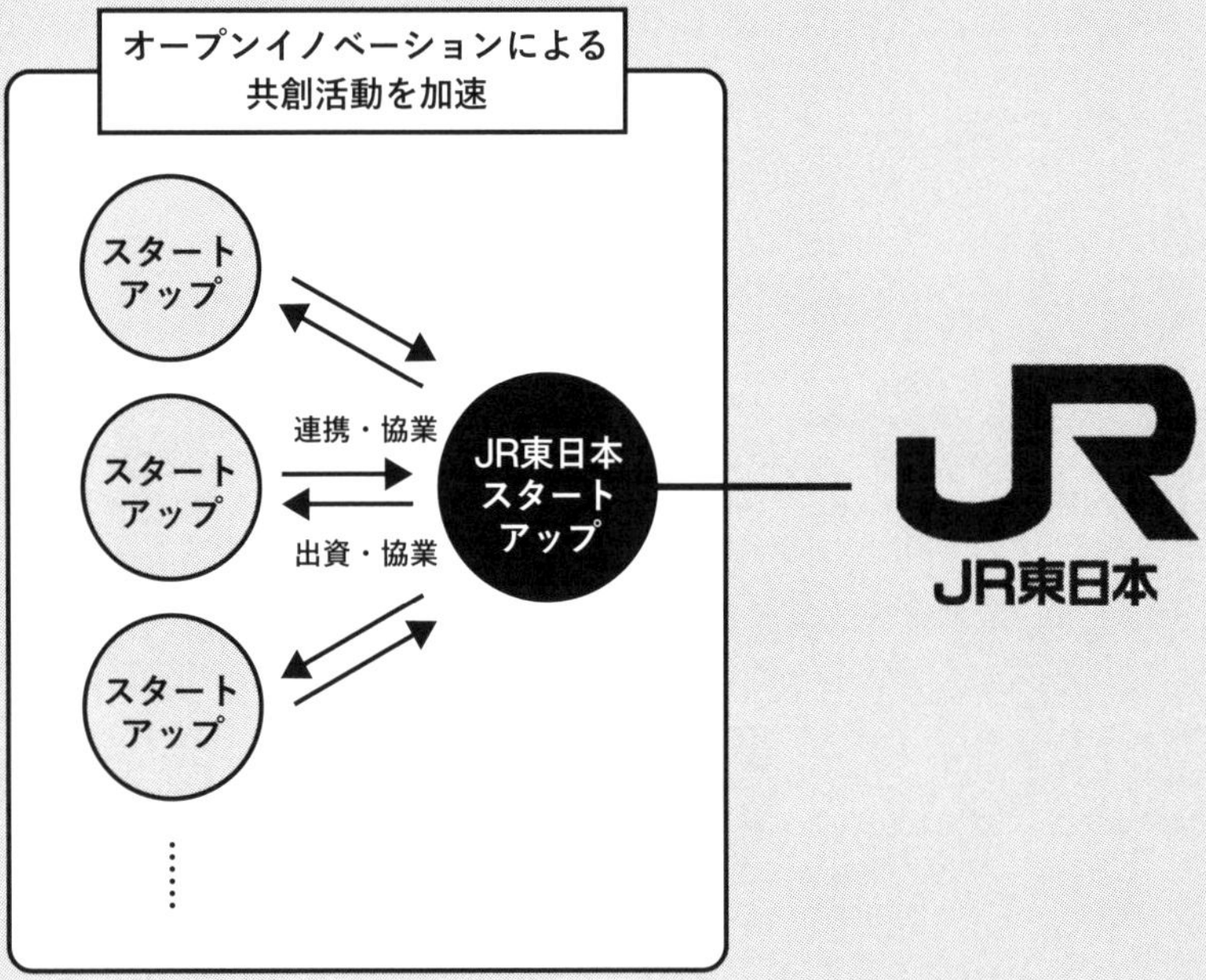

JR東日本のCVC（コーポレートベンチャーキャピタル）としての出島組織。JR東日本が持つインフラをスタートアップに開放、出資し、共創。未だかつてない新しいサービスを量産している。

――ドラマみたいなカッコいいセリフ。

柴田 はい。トップマネジメントのサポートはとても重要です。こういう新しいことって、会社の中間層的にはめんどくさいことなんですけど、経営層は社内に揺らぎを与えたいわけです。会社設立の時も、いろんな会議体で、たくさん免責条項つけられてだんだん資料が分厚くなってたんですけど、最後の最後トップに持っていったら、もう何やってんだお前と。いいから早くやれと。だから、すごい中途半端な日なんすけど、2月20日が設立日なんですよ。4月1日とかじゃなくて。

新幹線で鮮魚を運ぶ

――では、どんな成果が上がっているのか、お伺いしたいです。

柴田 設立時からやっている「JR東日本スタートアッププログラム」っていうアクセラレーション・プログラム。ここに5年間で1077、つまり毎年200ぐらい外国船、スタートアップ企業がやってきてくれています。この出島ができる前は、多分近づいても大砲で打ち落としたと思うんですよね。新たなビジネスチャンスが、少なくとも1000を超えるぐらい生まれているっていうのが、数字としての成果。せっかくうちはリアルなインフラを持ってるので、採択した企業には、僕らが持ってるインフラを開放するってお約束してるんですね。紙で終わらせない。必ずここで事業の種を作り、年度内に実証実験をやります。

その実験の数が、5年間で108。その中から実際に世の中に出てるものが51あるんです。駅蕎麦ロボットも東京で生まれていますし、新幹線で三陸とか佐渡で朝獲れた魚を運んじゃおうみたいな、こととか。僕らがやりたいのは、スタートアップ企業とJRがコラボするからこそできる、そういう新規事業です。

――今までの中で、一番の自信作は？

柴田 その鮮魚を新幹線で運んじゃおう、というやつ。一番最初に苦労したから。やってみたら、大変だったんですね。「新幹線は魚運ぶもんじゃない」とか「臭くなったらどうすんだ」とか「置く場所ねぇ」とか、いっぱい言われるんですけど、「今、車内販売撤退してますよね。その場所空いてますよね」とか一緒に知恵出して、工夫して。

それでなんとかなって、第一便が運ばれてきた。そして駅ナカで売ったら、あっという間に売れたんですね。「あ、マーケットあるんだ」と、やってみて気づく。新幹線で運ぶから高いんですけどね。その時、6日間しかやらせてもらえなかったけれど、ここで結果が出たんで、今はJR東日本本体が「はこビュン」という事業として、毎週鮮魚を運んでいます。

宮古市や佐渡市で獲れた海産物を新幹線を使って東京都内に輸送し、品川駅構内で販売する、JR東日本スタートアップ×フーディソンの実証実験。

無人駅グランピングなんかも、同じです。「40日間、2つだけ試しにやらせてください！　誰も来なかったら撤去して、さら地にしてお返ししますから」と言って。でも人がいっぱい来て、結果が出た。「無人駅とグランピング」とか「新幹線と鮮魚」とか「駅蕎麦とロボット」とか全部「混ぜるな危険」。でもうまくいけば、橋渡し役としては「よっしゃ、やったぜ」ってなりますよね。それ以上に涙の数も多いですけどね。まずやってみるってのが、大企業はなかなかできないんですよ。新規事業の成否を決めるのって、本社の会議室のナントカ部長じゃなくて、お客様。やってみると、お客様にニーズがあるのがわかる。出してみないと絶対にわからない。僕らが失敗してもいいんです。出島は失敗を代行できる。新規事業の研究開発ですね。

——ここの出島には独自の方針とかあるんですか？

柴田　うちはルールが2つあって。まず「できない」をNGワードにしてます。鉄道業界長いんでわかるんですが、基本新しいことやらないっていう思考回路になりがちなんですよ。できない理由を言わせたら、5分あったら100個言えます。でも、うちのメンバーにはこの出島に来た途端、やめろと。
あと、もう1つ「黄色い線の内側でやんちゃしよう」と。鉄道は人命を預かるので、越えてはいけない線があるんですね。スタートアップ企業のみなさんもね、ちょっと目を離すと越えようとしてるんですけど。いや、ちょっとそこは待ってくれと。やんちゃはしていいんだ、ただし、黄色線の内側でね、と。

――言い方がチャーミングだから、従わざるを得ないですね。うまいなあ。最後に、今後の展望をぜひ。

柴田　出島が出島じゃなくなるといいなって思ってるんですね。この特区が本土の中に入る。本土が開国したらやれること、山のようにあるんですよね。JRの新規事業って、社会課題解決、社会を変えることにつながるので。世の中にも、スタートアップ企業にとってもプラス。若手もやりがいがあってね、大企業おもしろいって言って。みんなの目が輝いてほしいんですよ。

外部連携タイプ

(3-2)

Calbee Future Labo

Calbee Future Labo

話し手

樋口謹行

NORIYUKI HIGUCHI

Calbee Future Labo メンバー（当時）

堀江佳世

KAYO HORIE

Calbee Future Labo メンバー（当時）

聞き手

倉成英俊

HEDETOSHI KURANARI

インタビュー場所

Calbee Future Labo（広島県広島市）

プロフィール

樋口謹行

２０１３年、新卒でカルビー株式会社に入社。研究開発本部にて、「かっぱえびせん」や「サッポロポテト」などの新味開発などに携わったのち、２０１６年4月、Calbee Future Laboの立ち上げメンバーの一人として参画。その後、チームリーダーとして新商品の企画開発に従事。

堀江佳世

アパレル、HR業界、専門商社などを経て、２０１７年にカルビー株式会社に入社。Calbee Future Laboでは主に社外（企業や一般生活者であるサポーターなど）とのコミュニケーションを担当。

ミッションは「ヒット商品を作れ」

――ラボっていうから、遠いかと思ったら、新幹線降りてほんと目の前で意外でした。

堀江　はい。広島駅から徒歩1、2分。雨にぬれずに来られます。

――雰囲気も研究所というか、外資のスタートアップみたいですね。入口に英語のスローガンが書いてあったりして。

樋口　あ、そうですね。ガラス張りの入口に英語で……「ま、頑張ろうぜ」みたいなことを書いています。ホワイトボードやアメーバデスクがあったり、掘りごたつ式の畳スペース、ちょっとしたキッチンがあったりという、オープンなスペースです。

――では、このカルビーさんの広島の出島について教えてください。

樋口　私たちCalbee Future Laboは、カルビーの中の一部署になります。広島という離れた場所で、入社して3年目の私と、カルビーの外からジョインした2人の混ぜこぜメンバー3人で、

２０１６年にスタートしました。当時から今まで、「ヒット商品を作れ」と、ミッションはもうそれだけです。

――入社3年目と、外から来た人2人で始めたってすごいですね。

樋口 カルビーの色にも、食品業界にも染まってない人間で新しい商品を作れ、ということで、この３人が広島で、「はじめまして」「ヒット商品、どう作る？」と始まった感じです。ヒット商品を作るために、いろんな人につながり始めて、企業の方だけじゃなくて生活者の方々にも、手伝ってくださいと呼びかけたところ、サポーターという形で２０００人ほどが登録をしてくださいました。その方々の意見を本社につなぐ役割も後からついてきた、そんな組織になっています。

――2000人！

樋口 その２０００人に仲間になってもらい続けるマネージメントをしているのが、今日一緒にいる堀江です。

――どんな風にカルビー本体から出たんですか？

樋口　まず、食品開発経験素人半ばの3人が、橋はかけずに、広島に、ポーンと放り出されました。あまり交流せずにやらなければ新しい発想は出ない、と意図的に。でも、そもそもカルビー本体が4000人弱いてもなかなか実現できなかったことなんだから、3人だけでどうにかするのはやめよう、と思い、はじめにやったのは、外の人たちに助けを求めることで。いろんな会社の人だったり、広島の市民の方々に声を聞いたりとか、外につながりを持ち始めました。

するとこういった商品が世の中には求められているんじゃないかということが出てきて。それを開発していくと、品質保証や物流など、今度は本体の手伝いを請わないと成り立たないので、こちらから本体側に徐々に橋をかけ始めました。

ですが、スナック菓子以外の商品を作ろうとするので、本体からするとイレギュラー。なかなか橋がかからない。潮目が変わったのは、メディアが取材してくれてからですね。その情報を見た本社から、なんかおもしろそうなことやってんじゃんと、少し点線が伸び始め、徐々につながって、商品が出始めた。そんな変遷をたどっています。

最終的には、新商品の発売だけじゃなくて、本土が持っていなかった外とのつながりもカルビー本体に還元している、今はこのような組織図の状態です。

Calbee Future Laboの出島組織図

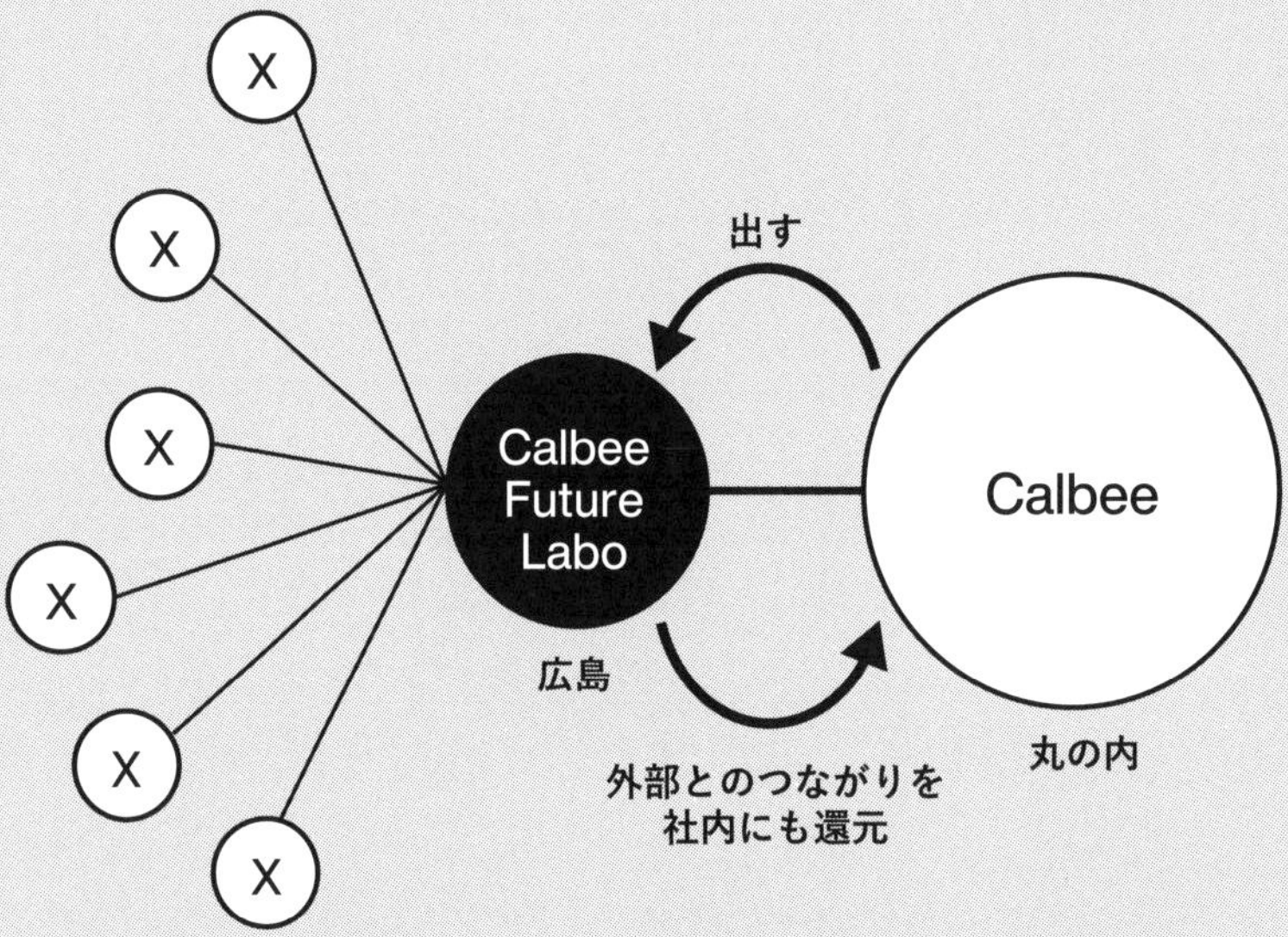

X：生活者、地元企業、スタートアップ、大学など

本社から離れた創業の地広島で、外部のさまざまな方々から意見を聞いたり、関係を築いたりしながら、既成概念にとらわれない新商品を開発する。培った外部ネットワークも本体に接続する。

無傷でいては、なかなか新しいことはできない

――なんで広島だったんですか？

樋口　一言で言うと、既成概念なくヒット商品を作るというミッションが理由でした。うちは本社が丸の内、開発拠点のR＆Dセンターが宇都宮と、関東圏に中枢があるんですけれども、そこと物理的に距離を置こうと、遠く離れた広島に拠点を設けました。

広島は、カルビー創業の地なんです。カルビーという社名は、戦後間もない頃、人々の健康に役立つ商品作りを目指して、カルシウムの「カル」とビタミンB_1の「ビー」を組み合わせて作ったんです。そして、瀬戸内海で採れる小エビのかき揚げをイメージして人々においしくて栄養豊富で腹持ちのいいものを食べさせたいと開発されたのが「かっぱえびせん」。もともと我々は何をするための会社なのかを確認しつつ、第2の創業の意味も込めて、広島に出島が置かれました。

もう一つ、人という観点では、カルビーの中で熟練した社員ではなくて、食品業界に対して真っ白な人財で構成する、という意識がありました。今までのやり方では今後成り立たないという前提に立った時に、どういうプロセスなら、必然性を持ってヒット商品ができるのか構築せよ、と。そんなわけで、この形になりました。

――その上司の方が偉いですよね。普通、誰か責任者をつけるか、自分が行くか、するじゃないですか。

樋口　それを組織したのは副社長（※2023年3月取材時点）で、来期からの社長なのですが、もうとにかくやるしかないんだ、と。設立をロジカルに説明しようとするとできない、ある種非連続的なものだと思うんですけど、トップだからこそ、できたんだと思います。最初の頃は特に定期的な報告も必要なく、副社長が年に2回様子を見に来たくらい。権限を委譲して、これだったらうまくいくんでしょ、頑張れよ、お前たちのやり方で結果は見せてくれと、そういう形だったので。

――いいですね。ボスたるものそうでなくっちゃ。

樋口　ビジネスとしての正解は、経営層の方が得意かもしれないんですけれども、ユーザー理解の正解みたいなところは、現場の方が待ち合わせていることが多い。無傷でいては、なかなか新しいことはできないけれども、ある程度の傷はこっちに、任せてくれればいいかなと。

――で、どんな商品を生んできたんですか？

堀江　カルビーがやったことのない商品を4つ、今まで出してきました。例えば、グミ商品をはじ

Calbee Future Laboで生まれた新商品。左からふるしゃか、ランチグミー、にゅ〜みん、のせるん♪（※ふるシャカ、ランチグミー、のせるん♪は現在終売）。

めて出したり、「のせるん♪」というパンにのせるおかずはカルビーグループ初のレトルト食品。睡眠サポート食品「にゅ〜みん」は、可食性フィルムという、薄い形状にはじめて挑戦したのに加えて、カルビーとしてはじめて機能性表示を取得しました。

樋口　食品メーカーだと、自社の工場を使うというのが基本になっていて。一部外部に委託したりすることもあるんですけれども、完全にうちの工場を通さないっていうものは、あまりない中、チャレンジでしたね。

堀江　物流の仕方とかも全部新たに構築しないといけないっていう苦労もあります。そういうところ含めて、カルビー初を結構やってきたということ。これが成果だと思います。

歩んできた足跡が成功

——何個くらい、カルビー初があるんですか？

樋口 商品だけでなく、プロセスも含めるとかなりあります。新商品をクラウドファンディングで売るということをはじめてやったり。CMを作るお金がないから一般の方にイメージ動画を作ってもらったり。堀江が毎日X（旧Twitter）を確認して、興味ありそうな人にDMを送って、使ってみてくださいとメッセージを添えて商品を送ってみたり。局地戦法だって言って、広島駅からカープのスタジアムまでの道路の間だけで売ってみたりとか。白紙ベースで既成概念なく、何が最適解なんだと考えて、これがいいんじゃない？とやったら、実はカルビー初のものが多かった、っていう感じですね。

――その動画見てみたいですね。外とつながるというところでいくと、生活者の方々との商品の共同開発。これってどんなプロセスなんですか？

堀江 「こういうものが食べたい」みたいな具体的なアイデアをもらうのは、やっていなくて。生活の中での困り事、課題だとか、諦めていること、こうなったらいいなって、ちょっと心の中で思ってるようなことを見つけ出すヒントをもらいにいく場として、生活者の方にたくさん接点をいただいています。そして、テーマが見つかった後には、私たちが進んでいる道が本当に合っているかを、初期のコンセプト段階から聞いてみたり。材料をスーパーで買ってきて、オフィスのキッチンで、手作りでパパッて作ったものをお見せして食べていただいて、「これはほしいと思うものですか」と直接聞いて、反応見て、どんどん軌道修正していったり。商品が完成した後に「あ、やっぱ違ったね」ではなく、早い段階から試行錯誤を繰り返します。

――作って食べてみてもらうために、あそこにキッチンがあったんですか。生活者との接点は、どういう場でやるんですか？　オンライン？　リアル？

樋口　どっちもやりますね。例えば、最初のニーズを探す時とかは、1週間の行動記録を書いていただいて、なぜその行動をしているのか、何がきっかけで始めたのかなどを聞いて、ホント大海原から探すようなこともやったり。仮説が定まってきたら、現場で観察させてもらうことも。商品ができあがって、実際に購入していただけるのか調べる時には、ダミーで、予約ボタンみたいなのを作って、身銭を切って押してくれるかを見たりとか。

つまり、その人の行動から、どこまで本当にそう思ってるか引っ張ってくることを、オンラインと対面の両方を駆使しながらやってきました。

――成功事例を挙げてと言われたら、どういうことがあります？

樋口　そうですね。この6年、7年歩んできた足跡そのものが成功なんじゃないかって、僕はすごく思っていて。商品がどんな形であれ、世に出れば成功だったかっていうと、そうじゃないはずで。この部署が存在して、ここまでやってきたっていうこと、チャレンジし続けてきた今があるということ、全てが成功な気が、すごくしています。

――いいセリフをいただきました。とても自由に働かれている印象ですが、自由を維持する工夫とかあるんですか?

樋口 自由って、実は難しいと思っていて。うまく扱えるようになるまでに割といろんな胆力がいるんじゃないかと。設立当初、ものすごく自由を与えてくれたと同時に、「自由に何か会社を変えるようなことをやってくれ。すごく期待をしている」と、純粋に心からそういう言葉を投げかけてもらって。自由の怖さの中でも、この人のために何とかやんないといけないな、やってやろう、って。

その後も、上司が裏でブロックしてくれていたのかもしれませんが、僕のところに届いてきたのは、副社長からの「期待してるから頑張ってくれ、そのままでいいからやってくれ」という言葉で。単なる放置とはまた違う、与え方。すごく僕には刺さりました。

――なるほど。「期待」か。期待もまたいい言葉ですね。

堀江 実は、私たちは、これまでの役目を1つ終えて、2023年4月から新たなステージに行きます。Calbee Future Laboは、新しいメンバーが、新しい役割やミッションを持ってきて、新たな形でスタートすることになってます。

樋口 Calbee Future Laboという箱はありつつ、メンバー、そしてやることをごそっと新しいものに入れ替える。そして我々は本体の中で、今まで芽が出てきたものを育てるフェーズに入っていくことになります。組織としては大きな変化ですが、我々がやることはどこに所属していても、やっぱり変わらずに、お客様に向けていいものを作るだけ。この最適解を求め続けることを実体験として学んだ我々は、本体からすると時に危険分子のような存在なのかもしれないけど、そこでいろいろ暴れ回るのは、おもしろいことなんじゃないかと思っていて。出島という特区から1歩ステップアップして、会社全体としての文化になっていくために、次は本体の中で、事例を作りにいく。最初は小さなところからかもしれないですけど、全体にとって大きなうねりになっていくと、すごくおもしろいなって。

――メンバー入れ替え制の出島なんですね。これからがますます楽しみですね。

（まとめ）

必要なのは外に出た場所×メンバーのチャーミングさ。

この2つの組織は共通点がいっぱいあった。スタートが3人だったとか。危機感から始まっているとか。自分たちでとにかく汗をかくこととか、社内の仲間が徐々にできることとかも。しかし、この外部連携タイプの何よりの大事な共通点は2つ。1つ目は、場所。外と組むなら、外の人が来て居心地が良い必要がある。それは、本社のブランディングから離れた別の場所の方がやりやすいだろう。寄りたくなるインテリアや雰囲気。オフィスの前に英語のスローガンが掲げてあるのも、世界観作りのためだと想像する。双方とも駅前なのも、外部の人のイージーアクセスのためだろう。2つ目は、メンバーのチャーミングさ。カジュアルで、雑談も好きで、笑顔も素敵で、冗談が多い。スーツで、難しい顔をして、要件だけで済ませるようなことでは、外との連携は務まらない。異文化とのいわば通訳役は、こうでなければ、一緒にやろう、とはならない。トップの彼らへの権限委譲の潔さも気持ちの良い共通点だったが、これも人柄のなせる業、なのではないかと思った。

4

研究所・総研タイプ

研究所を持つ企業は多い。

ものを作る企業が技術研究所を持っていることもあるし、経済や政治について研究をする総研やシンクタンクなどの組織を持つ企業もある。

それらの研究所や総研も、本業や本体組織とは離れたところで活動をする出島組織だ。

ただひとくちに「研究所・総研」といっても、成り立ちや規模などは企業によって千差万別。

この章ではコクヨという大企業の研究所と、長野県の山奥の店舗からスタートした「パンと日用品の店わざわざ」の研究所の事例を見ながら、出島組織の可能性を掘り下げていく。

研究所・総研タイプ

（4-1）

ヨコク研究所

YOKOKU RESEARCH INSTITUTE

話し手

山下正太郎

SHOTARO YAMASHITA

所長

聞き手

鳥巣智行

TOMOYUKI TORISU

インタビュー場所
THE CAMPUS（東京・品川）

プロフィール
山下正太郎
2011年、働き方とオフィス環境のメディア『WORKSIGHT』を創刊。同年、未来の働き方を考える研究機関「WORKSIGHT Lab.（現ワークスタイル研究所）」を設立。2022年、オルタナティブな社会をリサーチ&デザインする「ヨコク研究所」を立ち上げる。京都工芸繊維大学の特任准教授も兼任。

オウンドメディアは出島組織と相性がいい

――「企業の研究所・総研タイプ」の出島組織について考えた時に、まず「ワークスタイル研究所」のことが頭に浮かんで、山下さんにお話を伺おうと思いました。今山下さんは、ワークスタイル研究所とそこから発展的に生まれた「ヨコク研究所」の所長なんですね。

山下 はい。2つの組織の責任者であり、研究者としても活動しています。

――まずヨコク研究所の前身となるワークスタイル研究所について教えてほしいです。

山下 ワークスタイル研究所では、スタート当初から「WORKSIGHT」というコクヨのオウンドメディアの制作を担う編集部としての機能が大きな比重を占めていました。オウンドメディアを作るとなると、一般的には制作をアウトソースするものですが、撮影や印刷などを除き、可能な限り自前でやることにこだわったところが大きな特徴でした。

――自前でやることに、どんなメリットがあるんでしょうか。

山下　オウンドメディアを作ることの最大の価値は、発信ではなく、情報の流入だと思っています。メディアが存在することで「取材をしてください」とか「ディスカッションしたい」というさまざまな鮮度の高い情報が編集部に入ってきます。加えて、メディアに掲載することで、視察などではアクセスできない現場に足を踏み入れることができる。これらをアウトソースしてはシンプルにもったいないわけです。メディアを会社と切り離してブランディングすることで、外からの見え方も変えられますし。オウンドメディアは出島組織と相性がいいのではないでしょうか。

――『WORKSIGHT』は「働き方」に特化したメディアでしたよね。

山下　そうですね。発足当初は、オフィスの空間作りや家具の製作販売をする事業部門に所属していたため、親和性の高い働き方をテーマに数年先に主流となり得るような情報収集を意識していました。

――事業部門の影響があったわけですね。

山下　利益やブランディングといった形で直接的な貢献をすることが求められていました。例えばセールスパーソンなどが使いやすいわかりやすさを重視した情報が求められる一方で、事業部門自身に対しても危機意識を持たせ、変化を促すような情報でもなければならない。そのジレンマの中で、ベストバランスを探りつづけていたというのが実情かなと。

アウトプットのメリットを社内に閉じない

――そのワークスタイル研究所を経て、現在は「ヨコク研究所」を新たに立ち上げられたと。その変化の経緯や、研究所で現在どういうことに取り組まれているのかを教えていただけますか。

山下 コクヨは2021年に企業理念を「商品を通じて世の中の役に立つ」から「be Unique」に変更し、自社の立ち位置をより明確にしました。あわせて目指す社会像を「自律協働社会」と定義したんです。必要なリソースが適宜配分されていて、誰しもが自由に生き方を選択できる社会を作っていきたいと掲げたわけですが……肝心の自律協働社会というものが具体的にどういうものなのか、我々自身もリアリティを持って想像できていないところがある。これをリサーチして、解像度を高めていきたい。同時にその社会を目指す人たちを社内外に増やすことを目的に作られたのがヨコク研究所です。

――なるほど。具体的にはどういうことをやっているんでしょう。

山下 研究所では活動を大きく3つのカテゴリーで展開しています。1つ目はリサーチ。2つ目はエンパワメント。3つ目がプロトタイピングです。

――1つ目のリサーチとは。

山下 自律協働社会とはどのような営みが行われる社会なのか、理解を深める活動です。質的調査として、これまで台湾、韓国、鹿児島などでのフィールドワークを行い、その一端はレポートや書籍となってリリースされています。他にも、京都大学と共同で日本的なウェルビーイングの在り方について、国際比較を行った大規模な社会調査もしています（参考資料：https://yokoku.kokuyo.co.jp/news/kyotou_kokuyo/）。アウトプットの元となる基礎的な活動としては、外部に委託することなく社内の有志なども募って草の根的に、世界中のさまざまなニュースソースから兆しとなる情報のスキャニングを行っています。

――2つ目がエンパワメントということですが。

山下 ヨコク研究所の特徴として、通常の研究所とは異なりアウトプットのメリットを社内に閉じないということにあります。コクヨだけで自律協働社会は実現できませんので、共感する人たちに情報を開示し、一緒に考えていく機会を生み出すことを行っています。新しい社会を

K-POPなどファンダムで営まれる自律協働的な動きに注目して制作した『ファンダムエコノミー入門』。読者自身が草の根から新しいムーブメントを生み出すことを期待する「エンパワメント」の一環として出版。

デザインするメディアとしてリニューアルしたWORKSIGHTでは、編集をなりわいにしていない人たちに外部編集員という形で参加してもらっていたりもするんですよ。

――いいですね。私も参加してみたいです。そして最後の、プロトタイプは。

山下 これは価値観に共感し、エンパワメントされた人たちと我々が一緒になって自分たちがほしい未来を実装する活動です。さまざまなアーティストやパートナーと協働した「自律協働のエクササイズ」や、グッドデザイン賞金賞もいただいたコクヨの東京本社屋であるTHE CAMPUSなどもそうですね。

出島は長期的視点に立ちやすい場所に置く

――ヨコク研究所の本体組織との関係や立ち位置を教えてください。

山下　事業部時代のワークスタイル研究所の反省点もあったので、「事業部門からは絶対に離してほしい」と直接社長に掛け合いました。

――ワークスタイル研究所、うまくいっているように見えていましたが、どういう部分に反省点があるのでしょう。

山下　どんなに組織の理念が尊いものであっても、事業部門にあることでどうしても短期的かつ直接的な見返りを求められてしまうんですよね。所属していたファニチャー事業は、景気に大きく左右されるため、常に半年タームの単位でしかリソースの計画が立たないとなると、研究部門として魅力的なアウトプットを出すことは厳しい印象がありました。

――なるほど。その反省を活かしつつ、今回は新たなやり方で取り組んでいるんですね。

山下 まず立ち位置として、より長期的視点に立ちやすい本社機能の中に移してもらいました。具体的には、イノベーションセンターという、既存事業からは距離を取った新事業を考える開発部門の中に位置づけられています。

――なるほど。出島組織図を見ながら、関係性を教えていただけますか。

山下 会社の内と外のちょうど境界にいたいという思いが強くあって。そこから社内外に均等にリーチしていくようなイメージです。

――この点線で書いている矢印も、出島で言うところの橋なわけですね。

山下 まさにそのイメージです。ヨコク研究所のヨコクには、自らが主体的に未来を構築していく意志が込められていますが、社内のしがらみから脱しようと腐心したり、社外で奮闘する人たちにとって希望を与えられる存在でありたいと思っています。ですから、自分を棚に上げた無責任なヨソクではなく、一緒に目指しましょうと自ら宣言するヨコクなんです。

――これまでどんな成果が上がっているのか教えてください。

ヨコク研究所の出島組織図

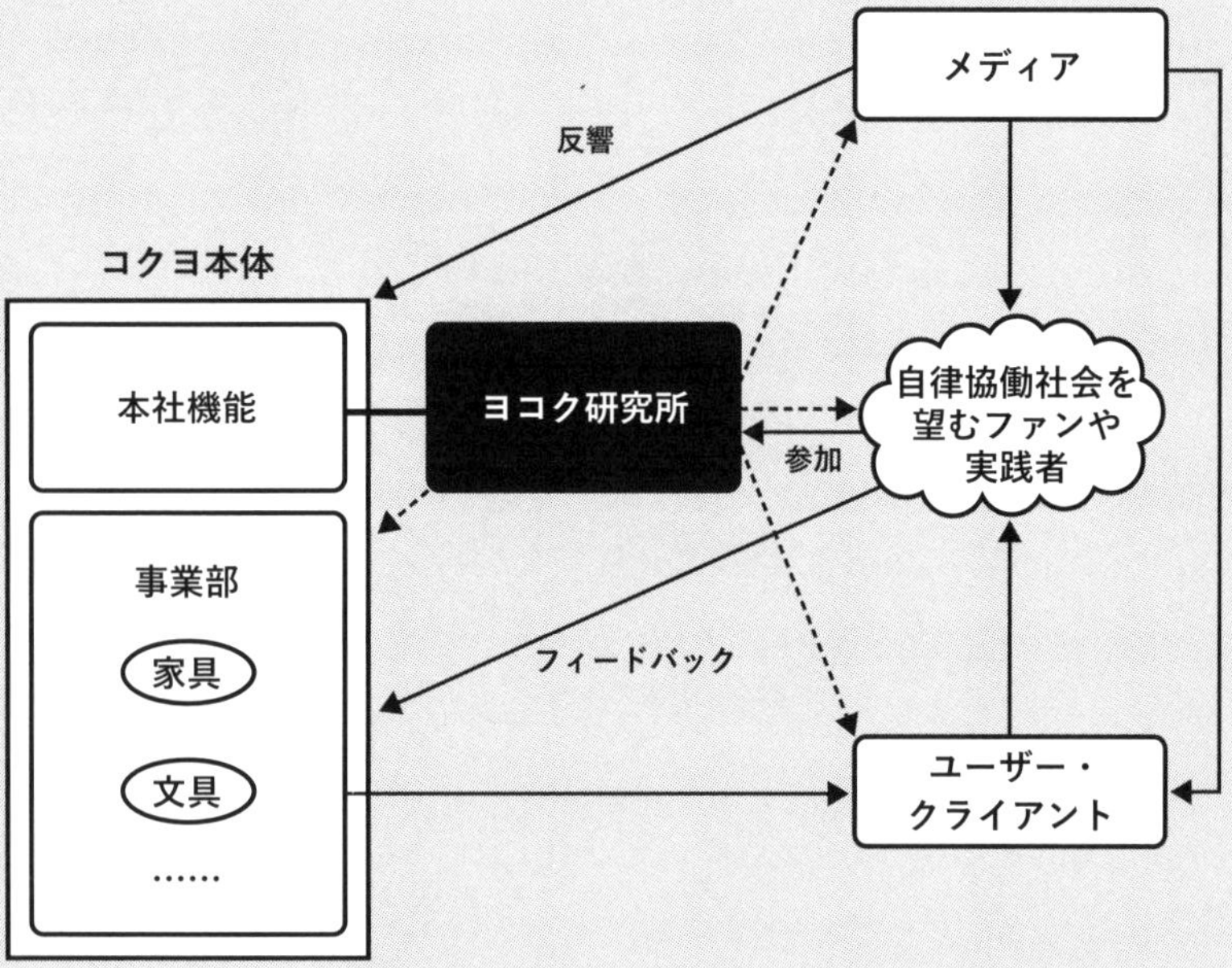

社内と社外の境界に存在している。社外のメディアやユーザー、クライアントとの接点となりながら、それを社内の事業にもフィードバックし活かしていく。

山下 たった4人、準備期間を入れても3年ほどの組織ですが、傘下のワークスタイル研究所を含めると、11冊の冊子・書籍、5つの調査レポート、4つのプロトタイプなど、まとまったアウトプットを出せたことは評価できると思います(※2024年1月末時点)。それらを通じて、自律協働社会という新しい社会像に対して共感してくれる人が、思いのほか多いことがわかったのは収穫でしたね。イベントの集客しかり、「WORKSIGHTの外部編集部に入りたいです」と言ってくれる方もかなりの数いらっしゃいました。まずは航海に乗り出す仲間が見つかったという感じでしょうか。

出島に出ると、付き合う人が変わる

――社外でたくさん反応や成果があったということですね。社内においての成果はどうでしょう。

山下 新しいおもしろい人材に会えたのは良かったですね。たいていの組織では新しいプロジェクトに呼ばれたり、意見を求められるメンバーが固定されがちですが、プッシュではなくプルで予期せぬ社員が見つかりました。こういったメンバーはモチベーションや視座が高いので、「これからの社会ってどうなるんだろうね」とか「これまでのモノの見方が変わるね」みたいなことをぐだぐだ話す機会が得られたのも良いところです。

――たしかに最近は打ち合わせでも、無駄話をぐだぐだ話す時間がなくなりましたね。昔の打ち合わせは雑談から始まって、みたいなこともよくありましたが。

山下 リモートワークが浸透した昨今は特にですが、根本的なところから話す機会はけっこう大事だと思うんですよね。例えばオウンドメディアで、編集の専門家ではない外部編集員に意識的に入ってもらっているのも同じ意図です。プロだけで作ると落としどころが見えている手グセで企画が作られてしまう。「これ、記事になるのかな」みたいな危ういところから議論を始められるのが、出島組織の良いところかもしれません。

――出島だと治外法権的にだらだらと打ち合わせができるからこそ、生まれるものがあると。

山下 やっぱり規範意識や慣習といった、変えがたい会社の慣性力ってありますよね。「こうでなきゃならない」みたいなものから離れることができるのが出島の魅力だと思います。アウトプットの豊かさは、インプットやスループットのユニークネスに依存すると考えているので、手間はかかりますが、出島のような場所が必要ではないでしょうか。

――個人的にも大事にしていきたいところです。最後に、これから出島組織を作っていこうという人、新たに「出島やるぞ」という人に対して、何か言葉をかけるとしたら、どんな言葉をかけますか。

山下　出島組織になると付き合う人が変わるので、会社の見え方も変わってくるのはおもしろいところです。中から自分たちのことを考えても限界がある。外側に立って中側を見ることによって、また違った会社の可能性に気づけるところが出島のおもしろいところなのかなと。意外と会社のことがもっと好きになったりしますよ。

――会社に不満がある人こそ、いったん出島に行くべきと。

山下　かつて日本でもリサーチしましたが、「シリアル・イノベーター」といわれるような、大企業の中で連続してイノベーションを起こす人たちって、キャリアの中で会社を外側から眺める経験をしていたりする。一度、出島から本体を眺めてみるのは、本当にいい機会になると思います。

研究所・総研タイプ

（4-2）

よき生活研究所

YOKISEIKATSU RESEARCH INSTITUTE

話し手

平田はる香

HARUKA HIRATA

わざわざ代表

聞き手

鳥巣智行

TOMOYUKI TORISU

インタビュー場所

よき生活研究所（長野県東御市）

プロフィール

平田はる香

２００９年「わざわざ」を一人で開業。２０１７年に株式会社わざわざ設立。２０１９年に2店舗目となる「問ｔｏｕ」を出店。２０２０年度に従業員二十数名で年商3億3千万円を達成。２０２３年度にコンビニ型店舗「わざマート」、体験型施設「よき生活研究所」を東御市内に出店。

公共交通機関で行けない店

――出島組織であるよき生活研究所について伺う前に、本体組織である「パンと日用品の店わざわざ」「問tou」「わざマート」について教えてください。

平田 最初に作ったのがパンと日用品の店わざわざというお店です。私たちの会社は長野県東御《とうみ》市という人口3万人の小さな町にあります。上田市から車で20分、軽井沢町から車で45分の場所です。ここで小売業を営んでいるわけですが、販売しているものは2種類の食事パンを中心に、焼き菓子を数種類。それからオリジナル商品が30種類ほど。あとは、衣食住を包括した、自分たちが使って良いと思ったものをセレクトした、およそ2500種類の定番商品です。定番商品というのがミソで、季節商品でセールをかけて売るということを一切せず、通年同じものがいつでも買えるお店を目指しています。

――2500種類！　思った以上の数でした。わざわざという名前も特徴的ですよね。

平田 わざわざのお店から問touを撮った写真をみるとわかるんですが、わざわざがある東御市はふたこぶの山なんですよね。1つの山のてっぺんにパンと日用品の店わざわざがあって、その向かいの山のてっぺんに問ｔｏｕというもう一つのお店がある。公共交通機関で来ることができない店になっていて、最寄りの駅からも徒歩で1時間ほどかかってしまう。なので「そんな場所までわざわざ来てくださってありがとうございます」という、感謝の気持ちを込めた名前になります。

――2店舗目の問ｔｏｕはどうやってできたんですか？

平田 2009年にわざわざが開業して、知名度が上がるとともにお客様が増えていきました。行列ができてしまったり、路上駐車が増えてしまい、近隣の人に迷惑をかける可能性も出てきたので、移転先の土地や建物を探していたんです。周囲に相談をしていたら「この施設を業務委託で運営しませんか」と東御市から声かけいただき、2019年にギャラリー、喫茶、本、衣服、アート作品を販売するお店を作りました。

――パンと日用品の店わざわざと問ｔｏｕでは置いてあるものがまるっきり違うんですね。

平田 わざわざは日常の店。問ｔｏｕは非日常の店というような位置づけで、問ｔｏｕとわざわざは対極的なお店です。生活に必要なものだけ集めることが幸せにつながりますかと「問う」お店だから「問ｔｏｕ」としました。

――あの、コロナのときに「不要不急」と言われていたようなものたちが問ｔｏｕには置かれているんですね。3店舗目のわざマートは、また雰囲気が違いますね。

平田　わざわざが山の上にあるので、みなさんから来づらいという声をいただいていて。もっと通いやすいお店を作れないかと考えて、コンビニ型の直売所という業態のお店を開業しました。蕎麦の製麺所だった工場を改装していて、中は本当にコンビニライクな建付けなのですが、置いてあるものは無添加食品や、クラフトビールやナチュールワインといった、私たちがおいしいと感じて、健康的なものをセレクトしています。

わからないものがおもしろい

――それぞれ個性的なお店ですが、それらが本体組織としてある中で、よき生活研究所の立ち位置は？

平田　よき生活研究所には、パンと日用品の店わざわざにあるものも、問ｔｏｕにあるものも、わざマートにあるものも置いてあるんですよ。私たちが販売しているものをここで体験したりテストできたりする施設なんです。コンセプトは「仮想わざわざさんの家」。玄関を入ってリビングがあって、キッチンがあって、書斎があって寝室があって……という場所です。例えばコインランドリーでは中身のせっけんが全部選べるようになっていて、隣のわざマート

仮想わざわざさんの家というコンセプトの空間。

で買える商品もある。せっけんやハンドソープだけでなく、流しにはいろんな洗剤やたわし、スポンジも設置されています。キッチン用品や器もそろっていまして、フードやドリンクもフリー。しかもそれらはわざマートで買えるのです。

――使い比べたり、食べ比べたりできるわけですね。利用料はいくらですか？

平田 ぜんぶひっくるめて、1日3000円で利用できます。コワーキングスペースとしても結構優秀だと思いません？

――ですね。仕事をする以外にも、いろんな体験ができそうです。

平田 ここにあるモノは全部使うことができるので、革靴をはいてきた人がここに置いてある靴磨きキットで靴を磨いてみたりもできます。ウールの専用のコインランドリーもあるのでダウンジャケットを5枚ぐらい一気に、3000円弱で洗えてしまったり。出張の合間に来て、朝から洗濯をして、好きなミルを使って豆をひいて、ハンドドリップしてコーヒーを淹れたりして。洗濯しながら、書斎でコーヒーを飲みながらコワーキングして。飽きたら後ろにある本棚の本を読んで、そろそろ洗濯物できたから、たたもうかみたいな感じで。お昼になったらわざマートへ行ってランチを買ってきて、ここで簡単に調理して食べて、また仕事するとか、そんな利用ができる場所です。

――リッチなコワーキングみたいな形で使う需要もありそうですね。

平田　はい。そういう使い方を想定してたんですけど……。

――想定していたけど……意外とそうではないんですか？

平田　意外とみんなぼーっとしてます。コーヒー飲んで本読んで、ぼーっとしててソファでごろごろしてたりとか。景色もいいし、居心地もいいから、仕事をする気もなくなるみたいなのです。

――仕事がはかどらないくらいの心地よさ！　私もインタビューをやめてぼーっとしたくなってきました。ちなみに研究所はお店ではないから、そこで使ってみていいなと思っても、その場で買えるわけではないんですね。

平田 そうなんです。一応、ＱＲコードが付いていて、オンラインストアに飛べるようにはなっているんですが、モノを売るための場所にはなっていませんね。

――これまでずっとやられてきた小売りから離れて、モノを売らない場所を作ったところが出島的ですよね。小売りの売上の推移を見ても、２０２０年には年商3億円を超えるまでに成長されていて、小売りをさらに広げていくことばかりを考えてしまいそうですが、なぜそうではない場所を作ったんでしょう。

平田 私、わからないものがおもしろいと思ってるんですよ。

――と、言いますと？

平田 人はよくわからないものをおもしろがると思うんです。わかってしまうと飽きると思うんですね。ユニクロとか無印みたいな大きな企業であればわかりやすい方が共感を得られると思うんですが、中小企業はわかりづらいほうがおもしろいと思っていて。高級フレンチのレストランなどにもあると思うのですが、食べ物かどうかわからないものがお皿にのっていたり。

――たしかに、わからないものもありますね。

平田　すごくわかりづらいですよね。それで3万円とか4万円という価格設定なんですよね。富裕層の人たちが何を求めているのかといえば、おいしさだけではなくて、驚きやエンターテイメントとしての楽しみだと思うんです。わからないから行きたい、一度体験してみたいと思う。どんなにおいしくても、例えば刺身ではそうなりえないですよね。

――刺身は「わからない」ということはないですね。明らかに刺身。

平田　お笑いなんかでもそうだと思うんですが、最初はわからないし、知らないからおもしろいと思うけど、何度も見てるうちにつまらなくなってしまう。だからはじめはセンセーショナルで、わかりづらくて、見たことがない方がいいと思っていて。山の上のパン屋のわざわざのことも、みんなはじめはわからなかった。「なんでこんなところに作ったんですか?」ってよく言われました。十数年でみんなわかったと思うんです。だから次のわからないを作ろうと思っているんです。

出島はブルーオーシャンに

――たしかによき生活研究所は、世間的にはまだ「わからない」ものかもしれません。オープンしてみて、実際の反応はどうでしょう。

平田 そうですね。やっぱりわかりづらいみたいで、まだ人はあまり来ないんですよ。でも来た人はみんなリピートするという不思議な状況になっていて。来た人は2回、3回の来店があるんですけど。来るまでの来店ハードルが高すぎる。週末にはわざマートには100組以上の方が来るんですけど、みなさん、よき生活研究所を窓から覗いて、帰ってしまいます。中に入る方はまだまだ少ないです。

――みんな「わからない」。

平田 はい。わからないものは、ハードルが高い。ただ来やすい状況にはしたいと考えていて。イベントをいくつか企画して、やり始めています。入場料を払えばイベントは無料で参加できるというもので、靴磨きだったり、ハンドドリップのコーヒーを淹れるとか、写経をやったり、鉄のフライパンを焼き込むとか……そういうのをちょっとずつやっています。来店のきっかけをつかめれば、来てくれる可能性は広がると思っていて。1年ぐらいそうやって運用して、2年目ぐらいから来ていただく方が増えたらいいなと思っています。

――何が起こっていくかが、わからないからこそ、可能性を感じます。

平田　それがブランド価値にもつながると思っていて。今はみんな、平田さんが何かわからない施設をまた作ったと思っているかもしれないんですが。「よき生活研究所があるから、わざわざっていいよね」「わざわざで買い物したかった」と10年後には言われる気がしていて。

――どんなところに、そのポテンシャルを感じるのでしょう。

平田　私たちはお店に、本当にいいと思えるものを取り揃えているけれど、一人ひとりのお客さんにとって本当に「いい」かどうかは生活の中で実際に使ってみないとわからない。長年使ってみてその品物がどう経年変化するかもわからない。研究所があれば、買うところだけでなく、実際に生活環境で試したり比較したりするところから、メンテナンスするところ、10年後の経年劣化の具合まで、体験したり見ることができるんです。コインランドリーも、靴磨きも、シミ抜きの溶剤を置いてあるのもそのためです。これから染め替えとか、お裁縫のワークショップなんかもやっていこうと思ってるんですが。モノを売るというプロセスの前と後ろ、全部を包括したサービスを、小売り企業がやるところに意味がある。売りっぱなしじゃなく、わざわざは売る前の段階から見せて、売った後のケアまでやる。使い込んで経年でどんな変化があるのかもわかる。そういう責任感が信頼につながって、わざわざのお客さんも増えると思っているんです。

――そうやって本体の「小売り」の事業にもプラスが生まれていくということなんですね。本体の「小売り」と出島の「研究所」の関係性って、どんな関係だと思いますか。

平田 本体は「今」という感じ。出島が「未来」なんですよね。

――本体は今、出島は未来。いい言葉ですね。この本の帯文になりそう。

平田 本体と出島のあいだをつなぐここがたぶん、現在と未来を行き来するタイムマシンじゃないですか？　ここのあいだに、10年ぐらい差がある。

――さっきおっしゃったように、今はまだわからないけれど、5年後、10年後にその価値が世の中的にもわかってくるということですね。

平田 そうですね。だから、もしかしたら10年経つと、よき生活研究所みたいな、こういう体験型の小売りスペースっていうのが世の中に溢れ出していて、これが現在になって、次の出島を作るっていう過程につながっていく。

よき生活研究所の出島組織図

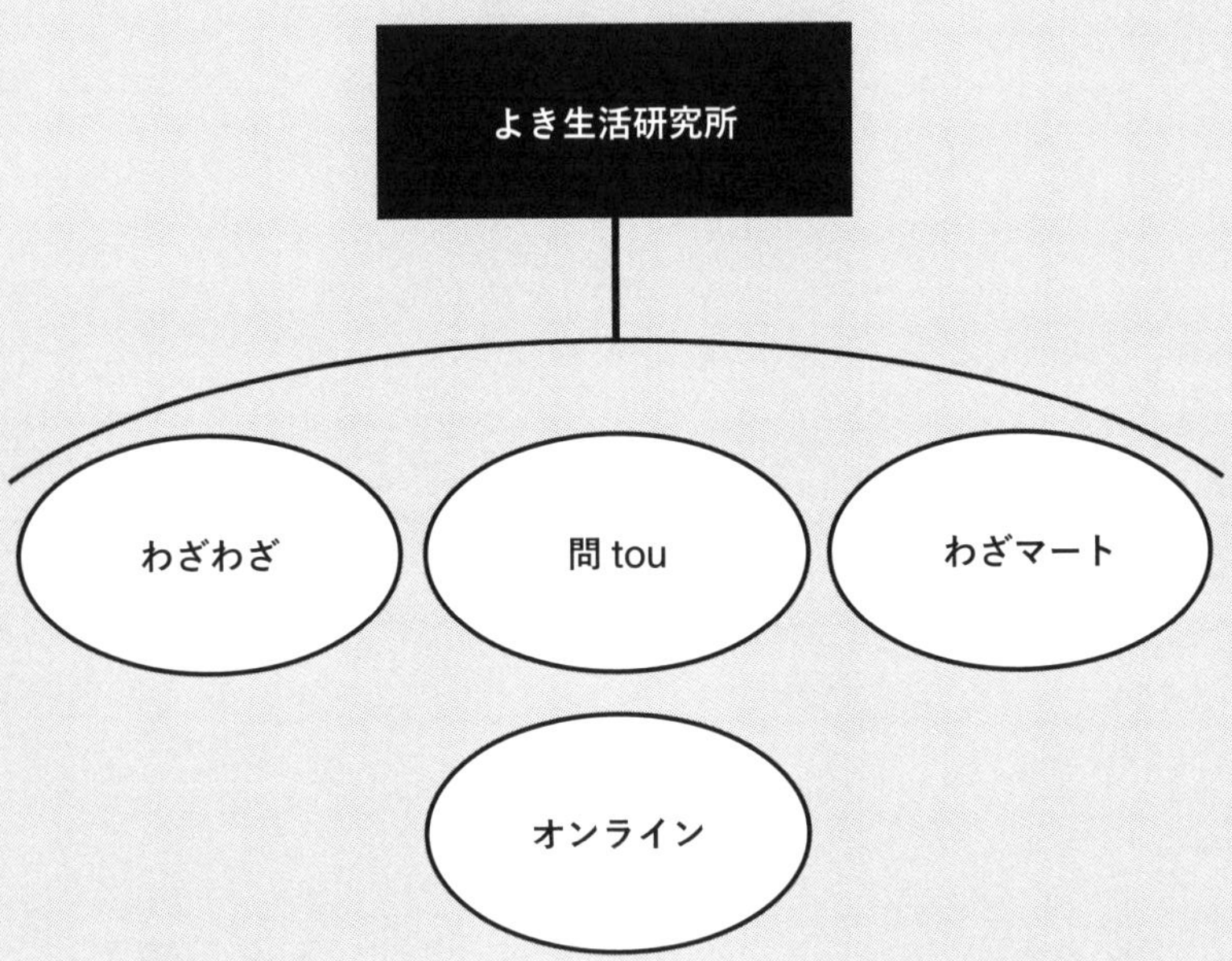

コンセプトや商品のラインナップなどは異なるが、これまで取り組んできた業態の店を本体と捉える。出島組織となる「よき生活研究所」では、新たな体験の提供や、新たな業態へチャレンジしながら、これからの小売業のありかたを模索していく。本体は今。出島は未来。

――たしかに。元々は、わざわざも出島だったわけですもんね。山奥にあって、物理的にも商業地域とは離れているし。

平田　今では副業やスモールビジネスで、山奥や地方にコーヒー屋さんや雑貨屋さんをやるケースも増えていると思うんですね。今だったら、山奥でお店をやるといっても、けっこうふつうですよね。

――そうですね、「何やってるの？」とは言わないでしょうね。

平田　言わないですよね。10年経って、わざわざは本土の方にある。事業戦略としては、いつもこういう形で、今だけではなく未来を作っておかないと会社ってつぶれちゃうのかもしれないですね。一歩リードする。先読みしたものを作る。まだそこは誰も競合がいないブルーオーシャンなんですよね。それも成功例となるとだんだんレッドオーシャンになってくるわけですが。その時にまたブルーオーシャンに自分で出島を作れるかどうかというのが、事業が存続する理由なのかもしれないですね。もしかしたらですけど。

（まとめ）

研究所という名の出島は、時間の流れ方が違う。

研究所を、出島だと捉えている企業は少ないように思うが、ここで話を聞いた2つの研究所を見れば、研究所がいかに出島的かがよくわかる。「出島は未来」という言葉に象徴されるように、特に時間軸の違いが印象的だ。四半期的な時間軸ではなく、長い目で見た時間軸の中で、他人から見たら「わからない」ことにも取り組めるところが研究所という名の出島の強みだろう。わからないところにブルーオーシャンが広がっている。もう一つ印象的だったのは、打ち合わせのスタイルにおける時間の流れ方の違い。編集会議でぐだぐだと話しながら打ち合わせができるのは、本体組織の重力がかかりすぎない出島だからこその時間感覚だ。生産性や効率ばかりを追い求める時間軸の中からは生まれないものが、出島から生まれていく。研究所・総研タイプの出島には、「コスパ」や「タイパ」的な価値観とは対極にある時間が流れている。

（コラム）

長崎市学芸員による紙上出島ガイド

多くの組織が出島組織を名乗るようになった。ではその中で、実際に「長崎の出島」に行ったことがある人はどれほどいるだろう（とても少ないのでは）？　修学旅行などで行ったことがある人も、長崎の名所の一つとしてなんとなく見学して、そして通り過ぎた人が多いのではと想像する。長崎の出島は、本土から「出ている」という物理的な特徴だけで価値があるわけではない。どうやって誕生したのか。どんな役割をもっていたのか。そこから何が生まれたのか。知れば知るほど、出島組織にとって（つまり、新しい変化を起こしたいと願う人にとって）ぜひ活用したいと思える思想や方法を発見できる。ぜひ一度行ってみてほしい。直に歩いて、直に見てほしい。まずはその導入として、出島に精通する学芸員山口さんの紙上版・出島ガイドツアーを行ってみる。

ガイド

山口美由紀｜長崎市職員（文化観光部・出島復元整備室・学芸員：専門官）。広島大学文学部史学科卒。1992年長崎市教育委員会文化財課勤務、2001年から出島復元整備室勤務。

聞き手

中村直史
TADASHI NAKAMURA

山口―ようこそ出島へ。まずは出島とはどういう場所だったのか簡単に説明します。出島は、一番最初はポルトガル人、そののちに長らくオランダ人が日本との貿易をするためにあった長崎の人工の島です。日本は江戸時代のはじめにキリスト教を禁教し、そして鎖国するのですが、一方で外国との貿易を続けるニーズはあったんですね。そんな中で、当時の長崎の町人25人がお金を出し合って、海の中に埋め立ての人工の島を造り、そこに貿易にやってくる人々を住まわせたのが出島なんです。現在私たちが目にしている出島は、長崎市によって復元されたもの（現在も進行中）です。

――出島って、日本独自のものだったんですか？

山口―実は出島（的な場所）って、日本以外にもあったんですよ。インドネシアのジャカルタ、南アフリカのケープタウンなど。そういった出島同士が結びついて、物流のネットワークができていました。それらの経由地を船が行ったり来たりすることで、日本のさまざまなモノが外の世界へ、アジアやヨーロッパへ広まり、逆にアジアやヨーロッパのものが日本に入ってきていたんですね。「中継貿易」というのがすごく大事なキーワードになるんですが、世界の出島的な港から、次の出島へと航海をして、1回休憩して、それからまた頑張って旅して、次の出島まで来る。そういったシステムになっていました。なので、各地にオランダ商館があり、そのネットワークを介して、人とモノが行ったり来たりしていたんですね。

――出島は長崎の商人が造った、とのことですが、ずっと長崎の人たちが管理運営していたんですか？

山口―いい質問です。いいえ、出島を支えたのは長崎の人だけではないんです。まず、長崎という場所ですが、その当時は長崎奉行が治める幕府の直轄地でした。お殿様がいる、藩の代表がいる、という場所ではなかったんです。長崎は、経済活動を頑張っている町人たちが治める街だったんですね。ただ、海外貿易をしている出島がありますので、徳川幕府は、ちゃんと奉行を派遣して管理させていました。なので、長崎で頑張っている自由な町人たちと、その監視・管理のためにお目付け役として来る人たちがいて、両者のからみあいの中で長崎の貿易を二百数十年の長きにわたって維持していたことになります。ちなみに、異国の船が来た時、もし何かあって港を守れなかったらまずいわけですが、長崎にはお殿様がいなかったので、守る力もなかったわけです。だから他の九州諸藩の力を借りないといけないんですね。特にお世話になったのが、近隣の佐賀県と福岡県。交代制で港の警備に来てもらっていました。さらに緊急事態が起きた時は、薩摩の人をはじめ、みんな駆けつけなきゃいけないということになっていましたので、出島における交易というのは、九州全体で担っていたことになります。

――管理と自由がせめぎあいながら、いろんなまわりとのつながりもあって、出島は成り立っていたんですね。出島組織のあり方とも重なりますね。そもそもなぜ、出島は長崎にできたんですか?

山口 これも重要な問いです。一つは江戸から遠く離れた場所だったから。外の世界の人々と新しい何かを起こすのは、危険なことでもあります。だから中央から遠く離れた場所の方が都合が良い、というのがあります。もう一つは、九州は中央の権力争いに敗れた優秀な人材が集まる場所でもあったこと。メインストリームから外れたけれど、そもそも能力の高い人たちがいたんですね。

――新しいことを生み出す辺境としてのポテンシャルがあったんですね。ちなみに、世界のいろんな港の形が展示されているんですが、長崎の出島のように出っ張った港の、似た形が多いですね。

山口 世界中の出島的な場所も、しっかりと管理をできるように、長崎同様、港の先端部とか、もしくは港湾のすみっこにつくられることが多かったんです。治外法権的な感じで、外国人が住まう場所となりますから、自国の生活拠点からちょっと離すんですね。

――長崎の出島に来ていたオランダ人はどういう人たち

なんですか？　貿易商人みたいな人ですか？

山口―出島に来ていた人は「オランダ東インド会社」という会社の社員さんたちです。

――え！　会社員なんですか？

山口―はい、会社で働く人なんですね。自由な個人貿易商が来ていたわけではないんです。会社組織に属している人が、単身赴任で来ていたということになります。

――単身赴任なのか……そう聞くと少し切ないですね。

山口―彼らがどういう人たちだったかというと、まずやはり、冒険者的なところがあったと思います。オランダのアムステルダムを出航して、世界の半分以上をぐるりと回ってくるわけですから。江戸時代の当時としてみたらものすごい大冒険です。同時に、いろんな思いを抱いてこられた方たちだったんだろうと思います。

――会社の中のどんな地位の人たちが来ていたんですか？

山口―実は、会社の偉い人たちは、国外には出ないんですよ。オランダにも重要な仕事がたくさんあって、オランダ本国の権益も守らなければいけないから、偉い人たちは自国に残って差配をするんですね。オランダ東インド会社には、オランダに上層部の人たちで構成された役人会というのがあって、そこから各支店、つまり世界中の出島になっている場所に部下たちを送るという仕組みになっています。

――じゃあオランダと長崎の出島は、本社と支社みたいな関係ってことですか？

山口―そう言ってよいと思います。そうやって、本国から送られたオランダ人社員たちが住んでいたのが、ここ長崎の出島です。送られた人の中にも位の違いがあって、これからご覧になっていただくカピタン部屋は、その中でも高い位にあった商館長の部屋になります。ちなみにカピタンとは商館長のことですが、この言葉はポルトガル語に由来するんですね。オランダ人のことをポルトガル語で呼ぶのは変ですが、いちばん最初はポルトガルの人たちが住んでおりましたので、その名残で、長崎の人はオランダ時代になってもずっと「カピタン」と言っていました。今もその建物名称が生き残っているということになります。

――どうして出島の建物は2階建が多いんですか？

山口―はい、おおむね1階部分は倉庫になっていまして、2階が生活スペースです。大体、船は1年に1回しか来ないんですね。いつでも頻繁に船が来ていたわけではないんです。だから、1年間、2年間滞在していくのに必要な物資を下の倉庫に置いておいて、2階で生活するという造りになっていました。

――1年に1度だけとは。もっと頻繁に来ていたのかと思ってました。

山口―当時は大変な航海ですからね。1年に1回がやっとだったのだと思います。さらに、難破するとか、海賊から交易品を略奪されるとか、やっぱりリスキーな部分があります。そんな中で、長崎の出島に来た人たちは、財産をきちんと築き上げて、それを守って帰ることができると、非常に大きな利益を生み出すことになります。ですから、出島に住むオランダ人にとって、船が来るか来ないかというのは毎年非常にドキドキする待望のものだったんです。そろそろ暦的に来る頃だなっていう時は、みんな船を待ち望み、無事の到着を望んでいました。

――単身赴任のみなさんは、出島でどんな生活をしていたんですか？

山口―こちらのテーブルに並ぶお料理が、11月から12月ぐらいの宴会の風景を再現したものです。お部屋自体は、35畳の広さがありまして、出島のカピタン部屋の中でも一番広いお部屋です。天井もすごく高くなっていて、なかなか日本的な家屋にはないしつらえの部屋になっています。たくさんの肉をはじめ、いろいろなご馳走が並んでいますね。でもいつもこんなものを食べていたわけではないんです。いつもは質素な食事をしていて。こういうパーティーの時だけは、頑張ってお肉をいっぱい料理して、盛り上がっていたんですね。

——裕福で余裕のある人たち、と想像していましたが、そういうわけでもないんですね。出島に来ていたオランダ人たちは幸せだったんでしょうか？

山口―あの時代に、単身赴任で来ている人たちの気持ちって、やっぱりすごく悲しい、辛いものもあるんですね。愛する妻を残してきた、子どもも残してきた、親も残してきた。そんな中で出島で一生懸命貿易をして、何としても無事に帰りつくというのが彼らの願いでした。日記に、奥様や子どもがどんな暮らしをしているだろうか、今大丈夫だろうか、と記述している商

カピタン部屋。壁紙に使われているのは日本伝統の唐紙だが、このように壁一面や天井にまで貼るのはオランダ的なやり方。素材と方法の和洋折衷が起こっている。

館長がいたり、他にも、奥様の木彫りの像を自分で作って、それを大事に持って、眺めて、今度会える日を楽しみに待ち望んでいる人がいたり。そんなエピソードも残っているんです。

——今みたいにすぐ会えないぶん、そういう思いが強かったんでしょうね。なんだか同情してしまいます。同時に、何かうらやましい気もしました。

山口—さあここから、出島という場所ならではの文化の融合を見てみましょう。例えば、この部屋は壁紙がすごく華やかですね。ピンク色の壁紙。あと、天井にも唐紙《からかみ》が張ってありますが、この唐紙というのは日本のものなんですね。一方で、このように壁一面天井一面に壁紙を張るというのは当時ヨーロッパで流行していたスタイルです。素材は和のもので、やり方がヨーロッパなんですね。素材はそのままでも、やり方に異文化を組み合わせてみる。それだけで、こんなに斬新な空間が生まれるんですね。

——まさにデザインの最先端ですね、これは。

山口—出島の建物自体、日本人大工が造った日本風の建物ではあるんですが、建具や家具だったり、唐紙の使い方だったり、ここかしこに西洋のスタイルが取り込まれていて、本当の意味での和洋折衷になっています。出島という場所があり、交易のハブであったからこそ異文化が組み合わさって、こうして何百年たってもハッとさせられるようなイノベーションが生まれたわけです。

——和洋折衷ってよく言いますが、こうして直に体感すると、感じ方が違いますね。

山口—はい、出島は和洋折衷とは何かを感じるのにうってつけの場だと思います。次は一番船船頭部屋という建物をご紹介しますね。その名前の通り、一番船の船頭、ファーストシップの船長さんですね。ちなみに、船長さんだけが出島に滞在する部屋を当てがわれて、船員さんたちは仕事の時は出島に入るんですけど、それ以外は船の中にしかいられません。こんな小さい部屋でも、とてもありがたいことだったんです。今この部屋は、特に若い女性たちに非常に人気が高い部屋になってまして、非常に可愛らしいです。海外のモノといっても、世界中のいろんな商館を中継貿易していく中で運ばれたモノたちですから、イスラムのモノだったり、東南アジアとか、東アジアのモノ。それからヨーロッパ本国のモノ、もう本当にいろんなモノがこうまぜまぜになっていて。出島は、本体から離れた島であり、世界中のいろんな文化が行き交う島なんですね。鎖国により、日本人はまったく外の世界には出て行かない時代でしたが、こうして出島があることで、いろんな文化が交差するようになっていた。文化と情報のハブでもあるんですね。

山口―今度は、外にある手すりを見ていただきます。意匠がちょっと変わっているのがわかりますでしょうか。オランダ的な建築様式で言えば、本来は、下の支えになってる部分は、立体的な円柱状にならないといけないんです。オランダ人がこんな風に作ってほしい

一番船船頭部屋。いろんな国の文化が混ざり合っている。

と二次元的に絵に描いて日本人の大工に作らせるわけなんですけれど、日本人大工はその本物の意匠を見たことがないので、立体的に作れなかったんですね。絵をそのまんまねて、板状に作ってしまったために平べったいこんなものができました。ただこれ、今となってはは出島オリジナルで、どこにもない愛らしいデザインだなと思います。出島の中には、こういう勘違いから生まれたものも結構ありまして、貴重な和洋折衷の形態だと思います。勘違いや誤解も、イノベーションの源なんですね。

――おもしろいですね。積極的に勘違いや誤解もしていこうって思いました。

山口　こちらには、日本からの輸出品の例として肥前磁器を並べています。日本の陶磁器は当時ヨーロッパで大変もてはやされました。ヨーロッパの王侯貴族が大好きでコレクションしていたんですが、それだけで飽き足らず、自分たちの国でもこんなモノが作れないかと城に窯を作ったりして。そこで類品を焼かせたりしました。出島はたんにモノを輸出しただけでなく、日本文化を輸出し、それが海外の文化にも影響を与えていたんですね。こちらには、輸入品としての織物が並んでいます。綿織物とか、毛織物などが、当時日本ではとても人気がありました。おもしろいのは、日本の場合、海外で作られているモノをそのまま使う人というのは比較的少なかったんですね。海外の素材を入手して、その素材から自分たちが生活で使うこまごましたものを作る方が性に合っていたようです。そうすると、日本の生活文化の中に、舶来品由来の素材を使った品物がたくさんできてきます。江戸時代は、非常に華やかな町人文化が成熟した時代だとよく言われますが、安定的な平和な時代に生まれた文化があって、そこにさまざまな輸入されてきたモノたちがミックスされて、ちょっとオシャレな、これを持っていると気持ちが明るくなる、上向きになる、そういったものがどんどん作られていったわけです。

――出島は文化に対して大きなインパクトを持っていたわけなんですね。

山口―はい。出島って、すごく小さい島なんですよ。みなさんぐるっと一回りして「え、こんなちっさいんだ！」って思ったはずです。でも、すごいんです。この小さな島があったために、日本のモノが世界にありますし、世界のモノも日本に入ってくる。鎖国していたと言いつつも、そこに風穴が開いていて、小さな穴にもかかわらず、文化の交流という意味でのインパクトはとても大きいものがありました。長崎の出島が日本と世界の文化に果たした役割の大きさは計り知れないと思うんです。

――小さくとも、その立ち位置や役割によって、大きなインパクトは生み出せるんですね。

山口―まだ全然ご紹介し足りないこともあるんですが。最後に「橋」のことをお話しして終わりたいと思います。みなさん出島にお入りいただく時に橋がありましたね。現在の橋は、今の出島に合うように、非常に洗練された美しいものになっています。ただそれは今の話であって、昔の橋っていうのは、本当に小さな橋だったんです。幅が4・5mなのは今の橋と同じなんですけれど、長さがもっと短かったんですね。当時は、小さな石橋がかかっていたということになります。大事なのは、この橋が、長崎の街と出島をつなぐ唯一の橋であったこと。つながっているのは、ここだけ。ここからしか出島の中には入れないし、ここからしか外にも出られない。小さいのには意味があって、それは、たくさんの人をいっぺんに通せないようになっています。選ばれた人・限られた人しか出島には入場できない。そして、出島の中の人が簡単に外に行けないようにしている。つなぐ役割でありながら、閉ざす役割でもあったんですね。

――橋の「閉ざす役割」っておもしろいですね。

山口―はい。ただ、入っちゃいけないって言われれば、ますます入りたいですよね。特に江戸時代は自由に旅行するのが許されている時代ではなかったので、せっかく長崎まで来たからにはぜひ中を見たいという強い気持ちがありました。藩の秀才さんたちが、勉強のため長崎へと許可をもらって旅に出ていく。藩の偉い人が「お前しっかりやってこい」みたいな感じで送り出すんですけど、ならば出島の中をぜひ一回見たかった。だから、役人だったり、通訳の人になんとかコネを使って中に入ろうとしました。運良く入れた人にとっては、出島は見るもの全てがびっくりでしたので、記録に残したんです。私たちはその記録から「そんなことがあったんだ」というのを学んでいるんですね。

――みんな出島から学びたかったんですね。

山口 今日は、小さい島とか、小さい橋とか、すごく小さいっていう言葉を何度も繰り返してきました。印象として確かに、出島は小さいです。ただ、そこから発せられた世界的な広がりに目を向けると、江戸の文化や、世界の国々の文化までも揺るがすような文化の広がりを、この小さい島が生み出していた。たとえ小さくても、世界に大きなインパクトを生み出すものがある。みなさんの出島組織もきっとそのような役割があるんじゃないかと信じております。

出島表門橋。橋は「つなぐ役割」と「閉ざす役割」の両方を持っていた。

（まとめ）

出島の過去を見つめると、出島組織の未来が見えてくる。

出島の説明は、そのまま出島組織のヒントになることばかりだった。自由と管理のバランス。出島同士がつながっていることで新たな価値が生まれること。自国の素材と他国のやり方を組み合わせると、どこにもない発明になりうること。誤解や勘違いがイノベーションの発端になること。橋はつなぐだけでなく、閉じる役目が重要なこと。そして、出島にいた人々の生き様や心境から感じ取ることができる、働くとは何か、幸せとは何かといったことまで。出島組織における組織づくりや働き方において、こういった出島の知見を活かすことで、よりパフォーマンスが上がったり、働く人の幸せにつなげたりすることができるはず。そう感じさせられたガイドツアー。山口さん、ありがとうございました。そしてみなさん、ぜひ一度出島へ。

5 集合体形成タイプ

通常、出島組織といえば本体から出た一つの組織をイメージする。

けれど「複数の出島が集まってできた出島組織」もある。

そもそも長崎の出島も、世界中にある出島たちのネットワークの中の一つだった。

出島が束ねられた集合体とは、一体どんなものなのか。

出島同士がつながると、どんな効果が生まれるのか。

そこには、出島であることのメリットが、さらなる広がりを持つヒントがつまっていた。

集合体形成タイプの事例としてPlug and Play Japanと104consortiumを紹介する。

集合体形成タイプ

(5-1)

Plug and Play Japan

Plug and Play Japan

話し手

藤本あゆみ

AYUMI FUJIMOTO

執行役員 CMO

聞き手

中村直史

TADASHI NAKAMURA

インタビュー場所
Plug and Play Japan（東京都渋谷区）

プロフィール
藤本あゆみ
大学卒業後、キャリアデザインセンター、Google、お金のデザインなどを経て2018年3月よりPlug and Play Japan入社。現在は執行役員CMOとしてマーケティングとPRを統括。

ペルシャ絨毯を買いに来る人たちをスタートアップに紹介する

――Plug and Playって、もともとシリコンバレーで生まれたんですよね？　どうやって生まれたんですか？

藤本　もともとはシリコンバレーのペルシャ絨毯屋の２階から始まったんです。

――ペルシャ絨毯屋……何だかすでにワクワクしますね。

藤本　創業者はイラン系アメリカ人のサイード・アミディという人です。元々ファミリービジネスで不動産業をやっていたり、ペルシャ絨毯を売っていたり。そんな中、スタンフォード大学の近くのパロアルトに１個ビルを持っていたんです。１階は家業のペルシャ絨毯屋をやっていて、２階ではスタートアップが借りられる今で言うコワーキングスペースをはじめたんです。

――ほう。

藤本　そこに入ってきたのが、ガレージで創業し、そのあとはじめてのオフィスとして入居してきたGoogleです。それ以外にPaypalがいて、Dropboxもいたんです。シリコンバレーの黎明期って感じがするんですけど。

――ことごとくビッグネームですね。

藤本 当初は入居企業に家賃をもらっていたんです。でも、Googleが3人から40人になり、あっという間に成長して出ていった時に、サイードは商人なので「これは家賃を定期的にもらうよりも、彼らの成長に投資した方が何倍も儲かるんじゃないか」と考えて、家賃の代わりに株をもらい始めたんですね。とはいえ、黙っていてもスタートアップって成長しないので、次に彼が思いついたのが、ペルシャ絨毯を買いに来る人たちをスタートアップに紹介することだったんです。

――なぜですか？

藤本 ペルシャ絨毯を買いに来る人たちって、お金を持っている人たちで、投資家とか大企業の偉い人とかなんですね。その人たちに「上の階におもしろいスタートアップがいるよ！」と紹介しはじめたんです。スタートアップ側も「大企業の人とか投資家が来るらしい」となって、そのビル自体が社交場みたいになり、人が集まり出したっていうのがはじまりです。今から

15年ぐらい前の話ですね。

――自然発生的なのがおもしろいです。

藤本 そうなんです。その流れで、シリコンバレーにPlug and Playの本社ビルができて、今そこは世界中の大企業やスタートアップのシェアオフィスになっています。そこから「大企業とスタートアップをn対nでつなぐこと」の価値はどんどん大きくなり、世界中に拠点が生まれ、その一つが私のいるPlug and Play Japanということになります。日本法人は2017年に誕生しました。

n対nの価値

――今Plug and Playはどんな仕組みで動いているんですか？

藤本 スタートアップと大手企業をつなげてオープンイノベーションを実現するということをやっています。世界中にパートナー企業と呼ばれる大手企業が現在500社以上あるんですが、みなさん新規事業担当部門が多くて、いわゆる出島組織な感じなんです。というわけでPlug and Playは、世界中の大企業の出島組織を束ねて、さらに選りすぐりのスタートアップもた

Plug and Play Japanの出島組織図

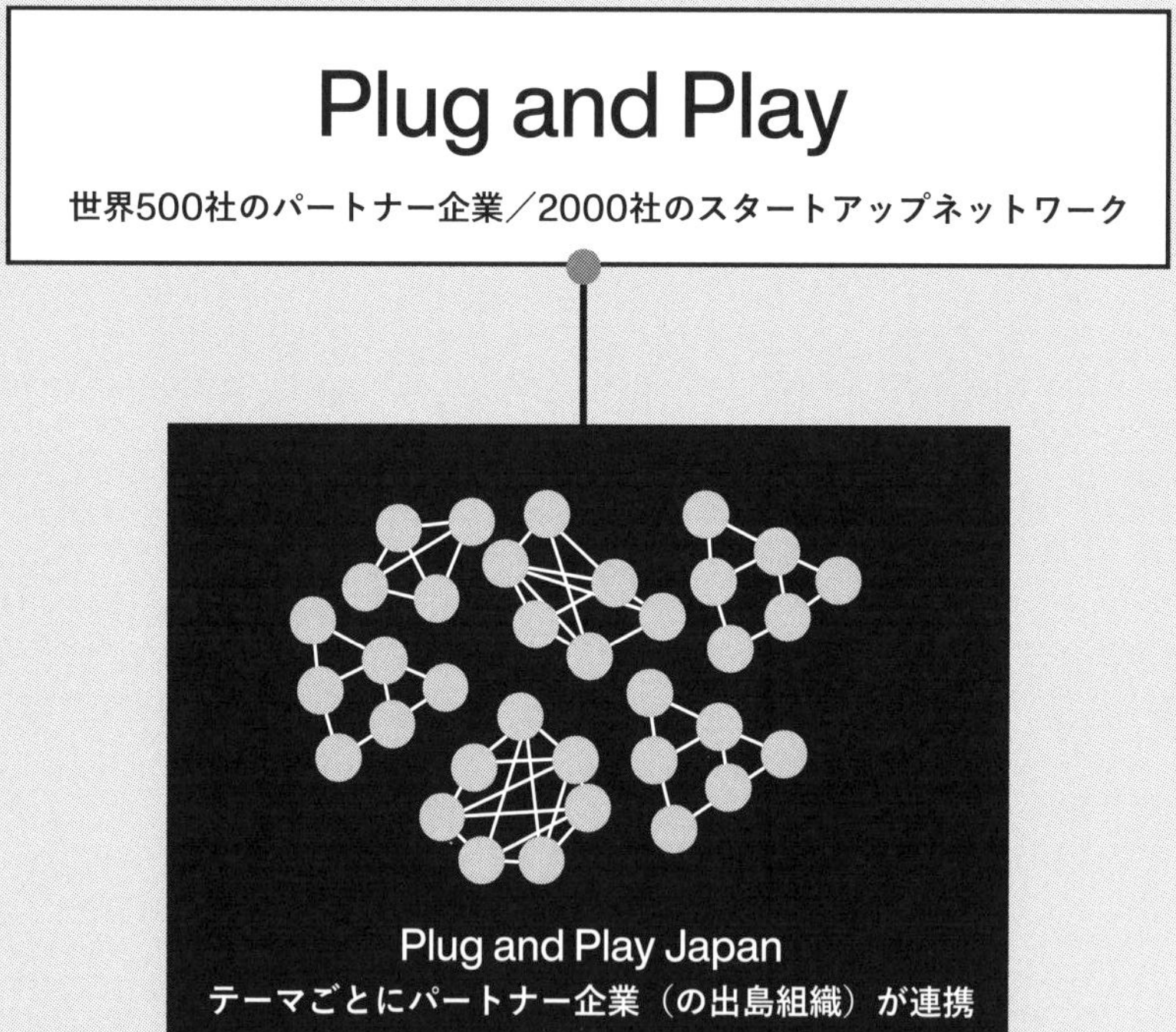

世界に広がるPlug and Play のネットワークの中にあり、テーマごとにパートナー企業がつながりあう仕組みになっている（※企業数は2023年11月現在）。

くさん束ねて、n対nのつながりを作っています。

――じゃあ大手企業であるパートナー企業から見ると、Plug and Playって「新しいイノベーションを生み出すためのスタートアップとつなげてくれる人たち」ということですかね。

藤本 はい。でも、それだけではなくて。オープンイノベーションの取り組みって「1対n」が多いんですね。1社の大手企業があり、n（複数）のスタートアップというやり方が多いんです。私たちがやっているのは「n対n」なんです。大企業同士の横のつながりも、スタートアップ同士の連携も生み出している。このn対nの価値にすごく期待して加入いただいているのが特徴だと思います。

――大手企業が出島組織として横のつながりを求めているなんて、あまり聞いたことがなかったです。

藤本 そのニーズが実はとても大きいんです。ちなみにこれが私たちの組織を表した図です。世界中の出島組織のみなさんを束ねるPlug and Playがあって、その日本版が私たちですね。今、Plug and Play Japanには40以上のパートナー企業がいるんですが、全部で8個のテーマがあって、テーマごとにパートナー企業が属しているんですね。例えばフィンテックのテーマにはMUFGさん、東急不動産さんなどが入っているという風に。

集合体形成タイプ

Plug and Play Japanのあるテーマに属するパートナーとスタートアップのみなさんを囲んでのセッションの様子。

――なるほど、ちなみにパートナー企業とスタートアップ、もしくは、パートナー企業同士は、具体的にどうやってつながっていくんですか？

藤本　テーマ別にプログラムを用意してあって、その中でつながっていくんです。例えば「フィンテック」というテーマであれば、そこに所属するパートナー企業とスタートアップをマッチングするプログラムがあります。マッチングだけではなく、フィンテックにおける新しいテクノロジーを共に勉強していくようなプログラムもあります。そういったプログラムを通して、パートナー企業やスタートアップが、お互いのニーズを知りあいながら、どんどんつながっていくようになっています。

――「テーマ」があるから同じ興味の企業たちをグルーピングできるし、「プログラム」があるから出会いが促進されるってことですね。よくできてる……ちなみに競合企業同士でも、同じテーマの中に入れるんですか？

藤本　入れます。例えば、ベルギーのアントワープという場所では、海運のテーマでプログラムを進めているんですが、そこにはMaerskなど世界の海運会社とともに、日本の飯野海運さんも入っていて、海運業者同士の横のつながりが生まれています。

石橋をたたきまくった、ではなく、どれだけ出会ったか

――グローバルな横のつながりも生まれているんですね。ちなみにこの「n対nをつなげる仕組み」の中で、出島的であることのメリットって何ですか？

藤本　大手企業がスタートアップと新しいことをしようと思うとき、どうしても既存のビジネスの体制では、いろいろと動きづらいところがあるんです。わかりやすい例でいえば、いろんな部署の確認を取るために、決定に時間がかかりすぎる、みたいなことですね。だからスタートアップと連携を起こす部署は、出島として本体と距離を離している会社さんが多いです。そうすることで自由に動きやすくなって、意思決定も早くなるということだと思います。

――なるほど。

藤本　さらに、そういう出島の方たちは、それぞれの個として動くだけではどうしてもインパクトが小さくなってしまいがちです。自分たちがやっていることが果たして正しいのか？という疑問もつきまといます。そこで、同じような目的を持って、スタートアップと協業したいと思う出島同士が集まれば、それぞれ情報やノウハウが共有されるから、よりインパクトを生み出しやすい。

――たしかに、1対nの関係作りだけだと情報もノウハウも限られてしまいそうですね。

藤本　そうなんですよ、そこに「n対n」の価値があると思うんです。

――にしても、いろんなパートナー企業さんの思惑って、それぞれ違ったりすると思うんですけど、そんな中でこの集合体がうまく機能するコツってあるんですか？

藤本　一つあるとしたら「オープンとクローズ」の使い分けですかね。

――オープンとクローズ。気になるキーワードですね。

藤本 普段からお互いに有益な情報が入ってくるためには、参加している企業さんたちは基本的には「オープン」であることが大事なんです。一方で、成長戦略上どうしても競合他社さんには言えないニーズや目的もあります。

そうしたときには、完全にクローズドな案件として、私たちPlug and Play Japanが目的に合ったスタートアップを探してくる、みたいなこともやります。そんな風にオープンとクローズをうまく使い分けていく。しかもオープンといっても、ただオープンにみんなでイノベーション起こしましょう！みたいなことじゃなくて、みんなが乗っかりやすいテーマとプログラムを用意する。

例えば「エネルギー業界の今後にとって必要なことを一緒に考えましょう」ならば、同じ目的意識をもつ企業が、自分ごととして一緒に話し合えるし、その未来のために必要なスタートアップの技術も積極的に知りたくなりますよね？　そんな中で自然発生的に「一緒にこれやってみよう」という大手企業とスタートアップの組み合わせや、大手同士、もしくはスタートアップ同士の連携が生まれてきます。


――いやーおもしろいですね。オープンとクローズ。すごく参考になります。もう一つお聞きしたいのは、いま「自然発生的」とありましたが、オープンイノベーションの「自然発生」を増やすためには、何が必要なんでしょう？

藤本　やっぱり「数」だと思うんです。石橋をたたきまくった、ではなく、どれだけ出会ったか。一つの出会いがいきなりドンピシャの正解ってことはほとんどありません。最初の出会いではあまりフィットしなかったけど、何年か後にニーズがピタッとはまることもあります。そう考えると、スティーブ・ジョブズが言った「コネクティング・ドッツ（その時点では重要性がわからなくても、将来意味をもってつながりあういろんな点のこと）」をいかにたくさん持っておけるか。そしてもう一つ感じるのが、テイカー（得ようとする人）ではなくギバー（与える人）であること。情報でもつながりでも、その共同体の中でいつも「与えよう」としている人や組織は、結果的にいい出会いに恵まれているなと、はたから見ていてそう思います。

――新しいことを生み出そうとする組織のみなさんに、とてもぶっ刺さるお話だったんじゃないかと思います。本当にありがとうございます。

集合体形成タイプ

（5-2）

104consortium

104consortium

話し手

依田幸子

SACHIKO YODA

104consortium 事務局

聞き手

中村直史

TADASHI NAKAMURA

インタビュー場所

三菱ＵＦＪ信託銀行本社会議室（東京都千代田区）

プロフィール

依田幸子

子どもの頃からお金に興味があり、新卒で三菱ＵＦＪ信託銀行に入社。住宅ローンなど、個人とお金にまつわる部署を経験したあと、資産形成推進部へ。そこで企業横断の104consortiumを当時の上司とともに立ち上げ、初代事務局として今に至る。

まずは個人的なつながりから

――格式ある銀行ビルにしては、楽しげな部屋ですね？

依田 このビルは重厚な会議室が多いんですが、この部屋はポップなんです。104consortiumの定例会を行うときは、この部屋を使っています。

――104consortiumと書いて「投資コンソーシアム」と読むんですね？

依田 そうです、104で「とうし（投資）」ですね。

――軽やかでいいですね。

依田 若い人たちにいかに投資の価値を広めるか、のコンソーシアムなので。

――どんな経緯で生まれたんですか？

依田　私は三菱ＵＦＪ信託銀行で新卒からずっと働いていて。今「資産形成推進部」という部署にいます。個人の投資行動を広める、というミッションを持った部署なんです。考え続けてきたのは「どうやれば若い人たち、特に20代の人が投資の価値に気づいて、行動を起こしてくれるか」です。ずっと「老後に備えて、若いうちからコツコツ投資をはじめよう」みたいなことを言ってきたんですけど、どうも手応えがなくて。

――僕が20代だった頃、そういう呼びかけはことごとくスルーしてた気がします（笑）。

依田　ですよね。そんな中で、こういう取り組みは自分たちの会社だけでやっていてもダメなんじゃないかと思い、自社以外に仲間を求めて当時の上司とともにコンソーシアム（共同事業体）を立ち上げました。

――どんな仲間が集まったんですか？

依田　まず最初は信託銀行を中心に集まりました。三井住友信託銀行さん、みずほ信託銀行さん、りそな銀行さんですね。

――いわゆる競合他社ってことですよね？

依田　そうです。あと金融以外の会社さんも重要だ！ということで、住友林業さんや丸井さんなど、そういった会社さんも仲間になってもらいました。

――おもしろい座組みです。でも、ライバル会社がよくすぐに一緒になれましたね。

依田　こんな風に共同で何かをやるのははじめてなんじゃないかと思います。

――どうやって仲間になってもらったんですか？

依田　正面から行くと難しそうな気もしたので。

――正面じゃないところから？

依田　私の上司が、他の信託銀行さんに大学時代の友人がいるとのことで、その関係の中で「一緒にやっていく価値があると思うんだけどどう思う？」と、まずは個人的なつながりから話を進めていきました。

――とりかかりを、会社対会社の話にしなかったんですね。

104consortiumの出島組織図

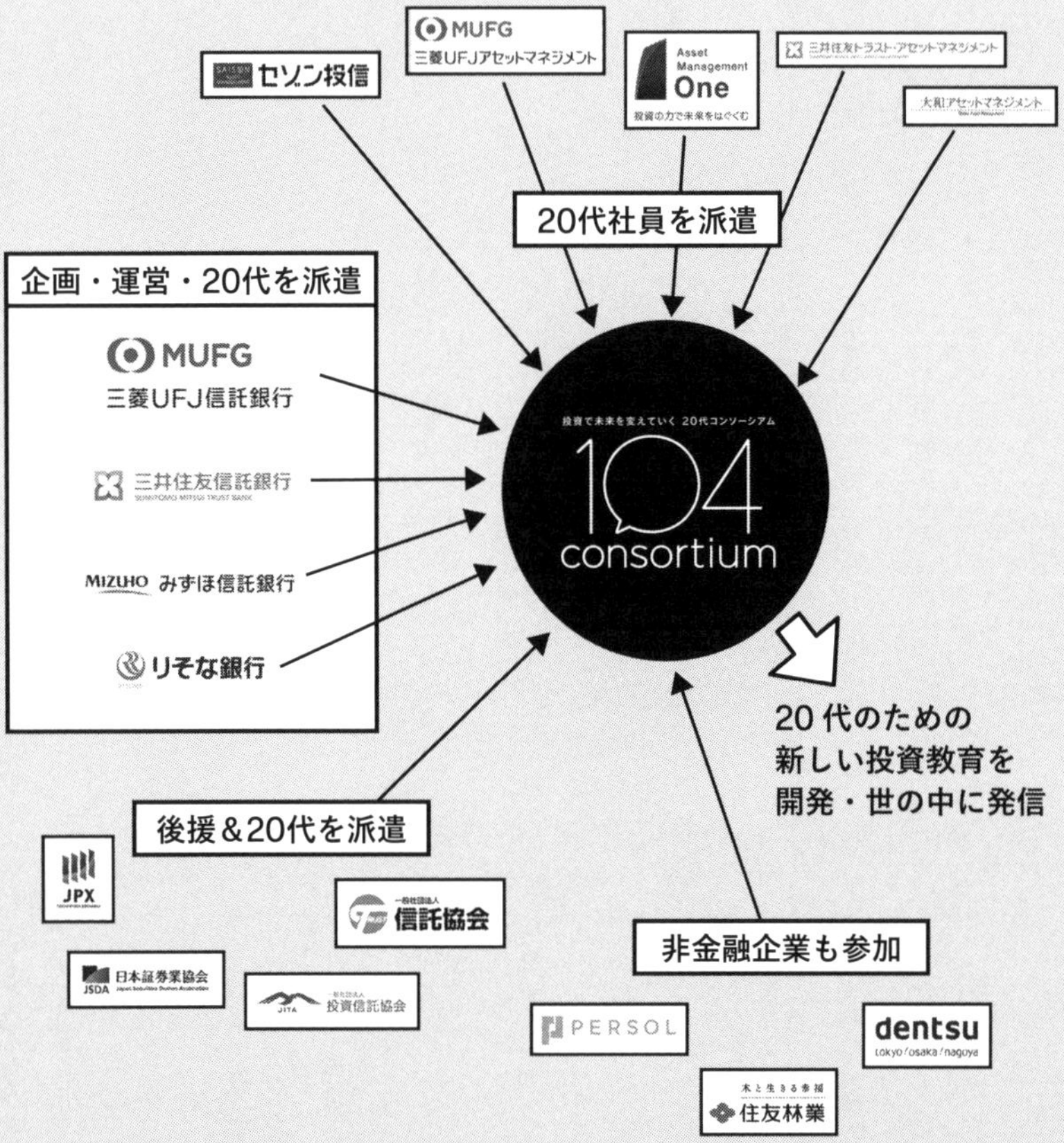

金融の企業、非金融の企業が出島的に人を出し合い、垣根を超えたコンソーシアムを形成。本質的な投資の価値をともに探求し、それを20代の若い人たちに広めている。

依田 はい。あとは弊社のアドバイザーでもある、起業家の藤沢久美さんにも協力いただけることになって。社内の決裁も、計画を決裁してもらうというよりも、まずは仲間を作ってその上で「信託銀行で団結してやります」「協力してくれる方もいます」みたいな感じで通していきました。

未来のために今何かを託す「投資思考」

――「仲間が先、決裁が後」なんですね。ちなみに、信託銀行以外の業種の会社さんたちはなぜ仲間に？

依田 そもそも投資というものをお金に限った話にしているのが、投資のイメージを狭めているんじゃないか、というのが出発点にありまして。例えば教育なんてまさに投資ですよね？　知恵や知識を将来のために積み立てて、やがて大きな成果となって自分に返ってくる。林業で木を育てるのも投資。未来のよりよいリターンや成長のために、今必要な行動に託す。それは全部、投資です。104consortiumでは、お金に限らずともよりよい未来のために今何かを託すことを「投資思考」と呼んでいて、まずこの思考を若い人たちに伝えようとしています。

――なるほど！　僕らはふだんから投資的に生きているんですね。

依田　20代の人たちも、投資思考に気づくとみんな同様に「そうなんだ！」ってなります。

――ですよね。ちなみにパーソルさんも入ってますが、パーソルさんも投資思考ってことですかね？

依田　パーソルさんは人材の会社ですよね。近年「人的資本投資」っていう言葉がとても大事になってきていて……。

――人的資本投資……投資だ。

依田　そうなんです。

――信託銀行同士や他業種の会社とも組む新しい取り組みに、ネガティブな反応ってありました？

依田　まず、信託銀行同士でしっかり団結して。その上で金融業界やそれ以外の会社さんに声をかけて。さらには、関連する協会などに後援してもらって、ステップを踏みながらはじめました。そうしたら信託銀行が共同でアクションを起こすことに驚きつつも、「そういう取り組みはあった方がいいですね」と言ってくれる方が多くて。業界横断で投資を考えるところに魅力を感じてくれる方も多くて、むしろみんな応援してくれた感じです。

――丁寧な外堀作戦が応援者を増やしていったんですね。そうした結果、各社から数人ずつの出島的なチームを出し合って、一つの集合体となって、104consortiumが生まれたってことですよね？

依田 そうです。

――そこでみなさんが出島的であることの意義って何なんですか？

依田 金融機関の中にいると、どうしてもかたく真面目になってしまうんです。そんな中で、出島的に本体からちょっと出ていると、金融機関じゃなかなかできないようなことも、トライがしやすいんです。

――ちなみにどんな「金融機関じゃできないこと」がありますか？

依田 例えば、104consortiumに集まるときは格好もカジュアルで。タイガースファンの人はタイガースのユニフォームを着ていたりします。信託銀行の窓口で、それはできません（笑）。

――個人的には銀行窓口でも見てみたいです（笑）。

依田　あと、金融機関という立場ではSNSも利用しにくい部分があります。もしX（旧Twitter）で発言するとしたら非常に気を遣います。「いかに間違いなく伝えるか」を考えて「いかに若い人に伝わるか」には気持ちが向きにくい。でもこれが104consortiumからの発信ならば、もっと自由に語れます。

――そうか、ふだんの立場から一歩「出る」ことで、より目的にあった動き方ができる。

依田　そうなんですよ。しかも、異業種の会社さんも仲間になってくれているので、自分たちとは全く違う考え方や感じ方を常に目の当たりにするんです。その違いから、新しい発想も生まれます。集まるたびに、すごくいい刺激やヒントがもらえるんです。

自然な形で仲間を増やしていく

――ちなみに、どんな風に若い人を集めて、どう投資のことを伝えているんですか？

依田　104consortiumに入っている企業さんから20代のみなさんに集まってもらい、年間を通して8～10回ぐらいのプログラムを組んで、いろんな授業を受けてもらっています。20代に一番人気だったのが「投資のすごい授業」というもので。有識者の方々に、15分で投資について教えてもらうんです。藤沢久美さんや、ウェルスナビCEOの柴山和久さんとか、あと投資家のヤマザキOKコンピュータさんなどなど。起業家さんや、お金のすごいプロたちに来てもらって、15分で20代に話してもらうものでした。

——たった15分なんですね？

依田　はい。短いから話す方もすごく工夫していただいて。余計な情報も削ぎ落とされて、本質的ですごくおもしろいんです。そんな中で投資思考という考え方もより伝わってきて。参加した20代のみなさんが「自分にとって必要なものだ」と感じはじめる、その変化をまざまざと見せてもらいました。

——伝え方を工夫したら、変化が起きた。

依田　はい、その変化が104consortiumの成果だと思っています。元々投資って、金融商品を買うことだけじゃなくて、自分が持っているお金とか時間とかいろんなものを費やして、長期的な目線で価値あるものを生み出していこうとする行為です。その投資の本質をわかった上で、前向きに捉えていくマインドが投資思考です。そこから伝えていくと「リスク・ギャンブル・お金持ちがするもの」という投資の三大ネガティブイメージが崩れていきます。

集合体形成タイプ

参加している20代の若者たちが104consortiumの授業でワークを楽しんでいる様子。

――僕も今日イメージが変わりました。

依田　みなさん「お金以外の投資について考えたことがなかった」という驚きが一番多かったです。投資についての本当の考え方がわかった、と。104consortiumがいろんな業種の集合体だから、よりその感覚をつかむことができたんでしょうね。

――会社から「お金の投資が増えて利益につながることをしろ」みたいな声は出ないんですか？

依田　一番最初に、短期的にそこは目指さないと理解してもらっているので出ませんね。元々これって長期的な考え方のものので。でも本質に根ざしているからこそ、投資思考で、健全な金融投資をする人が増えればいいと思っていますし、

104consortiumで得た知見を自分たちの金融機関側に持ち帰って、投資の推進に活かしていきたいと思っています。

――最後に、こういう集合体の出島組織を作るコツってありますか？

依田　「自然な形で仲間を増やしていく」ことかなと。まずは、ほんとにおもしろがってくれる人に出会うまで、社内外に話し続けるのが大事だと思いました。その上で「仲間を作ってから社内に諮る」という順番の方が、社内も通しやすいし、新たな仲間も巻き込みやすくなっていいんじゃないかと思います。

（まとめ）

出島同士をつなげて、素敵な自然発生を起こす。

「出島同士のつながり」が生まれるとき、どんな新たな価値が生まれるのか？「機動性が上がる」「意思決定のスピードが上がる」といった単体の出島組織の価値に加えて「共通の目的意識の仲間から新たなイノベーションが生まれ」たり、「オープンとクローズの使い分けによって個社もチームとしても同時にメリットが得られ」たり。「考え方・感じ方の違いから、新たなヒントや刺激を与え合う」ことが起こったり。出島同士のつながりの中で、一社だけでは決して辿り着けなかった場所へ行けることがわかった。また、つながりが「自然発生的」なほどいい結果につながることや、そのためには「出会いの数」が大切なこと、そして「常にギバーであること」が重要という話は大きな学びとなった。そもそも長崎の出島も、世界中の出島のネットワークの中にあったからこそいろんなイノベーションが生まれた、という事実もある。その意味では、本来の出島らしい出島組織とも言えそうだ。

6
自治体タイプ

企業だけでなく、行政の中でも「出島」が出てきていることをご存知だっただろうか？

しかも長崎、ではない。それ以外のエリアで。

今回はその中から2つの組織にインタビューさせてもらった。

1つ目はメガシティ、日本の首都の東京都庁。

もう1つは47都道府県の中でも小さめの県の佐賀県庁。

2つの出島組織は、方向性も、目的も、立ち上がる時期も全然違うが、自治体の枠組みを打破する先進的な仕組みと活動を実践中という意味では同じだ。

企業に負けず劣らずおもしろい話をお聞きできました。

自治体タイプ

(6-1)

東京都庁 スタートアップ・国際金融都市戦略室

TOKYO METROPOLITAN GOVERNMENT Office for Startup and Global Financial City Strategy

話し手

直井亮介

RYOSUKE NAOI

スタートアップ・国際金融都市戦略室

戦略推進部 スタートアップ戦略推進担当課長

聞き手

倉成英俊

HEDETOSHI KURANARI

インタビュー場所
CIC Tokyo（東京都港区虎ノ門）

プロフィール
直井亮介
1995年東京都入庁。入庁後は、主に中小企業向け支援施策の企画立案・予算編成等に携わるほか、金融機関等への出向経験などを経て、現職のスタートアップ戦略推進担当課長に着任。中小企業診断士。

外に出て自ら飛び込んでいく

――最初、ウェブのニュースで見たんですよ。「東京都庁が虎ノ門に出島チームを設立」みたいな記事で。それで今日のインタビューに至りました。

直井 ここは、大企業、スタートアップ、大学、そして自治体とか、いろいろな組織が入って、イノベーションをみなさんで起こしていきましょうというコンセプトでやっているCIC Tokyo（虎ノ門ヒルズのビジネスタワー15階。CICはケンブリッジ・イノベーション・センターの略）という施設でして。東京都も２０２２年からこちらに出島を構えて、活動しているところでございます。

――東京都が出島を構えて、って言い方がすでにおもしろいですね。

直井 私どもの出島は、基本的に、スタートアップ支援とイノベーションのための組織になっています。失われた30年と言われ、日本の国力がどんどん下がってきている中で、これを打開していくためには、挑戦者たちの力が必要。その担い手であるスタートアップの方々を後押しし、一緒にイノベーションを起こそうと、２０２２年、東京都で、スタートアップ戦略「Global Innovation with STARTUPS」を作りました。

戦略を発表したのは11月だったんですが、その前段階の8月から、出島という形で組織を設置しました。「いつでも会える都庁」を、コンセプトとしてですね。

——AKBの「会いに行けるアイドル」的な。なるほど。

直井 これまでも、創業支援などのいろんなスタートアップ施策をやってはいたんですけど、なかなか施策の認知度が上がらなかった。また、スタートアップの方々にとってみると、行政ってものすごく敷居が高いし、都庁って入りにくいと言われているのも認識していました。そこを打破するために、座して都庁の中で待っているのではなくて、外に出て、自ら飛び込んでいこうと。

——ベクトルを逆にしたんですね。東京に住んでいる身としても、都庁がそういうことをするのはいいなと思います。ちなみに、具体的には、どういう支援があるんですか?

直井 それこそ補助金とか、経営相談に乗るとかもしてるんですけど、新しいこととしては例えば、東京都のいろんな課題をスタートアップの力をお借りして解決していく施策を推進しまして。

スタートアップの方々とお話しすると、「東京都で使ってもらえないですか?」みたいな相談をたくさんいただくんですね。また、行政と付き合いや取引実績があると、スタートアップの信頼性に寄与もする。

なので、行政がスタートアップのファーストカスタマーになり、公共調達をどんどん拡大していきましょう、5年で10倍にしていきましょう、というのが、力を入れてやっている、我々のミッションの一つです。

いつでも会える都庁

――僕が見た新聞記事には、10×10×10って、10っていう単語がすごい出てたんですけど、あれは何ですか？

直井 これはですね、グローバル×10、裾野拡大×10、官民協働×10と、3つの視点で考えてまして。グローバルは、東京発で海外を目指すユニコーンの数を、5年で10倍にしましょう。裾野拡大は、起業数を5年で10倍に。それと、行政がファーストカスタマーになる協働実績を5年で10倍にというイノベーションビジョンです。

これを具現化するために、スタートアップが集まるような場を作っていくとか、小中高生、大学生向けのアントレプレナーシップ教育みたいな取り組みもしています。

――みなさんの本体組織である、新宿の東京都庁と、この出島はどんな関係になるんですか？

直井　流れとしては、2022年の8月に、庁内横断のスタートアップを支援する組織「Team Tokyo Innovation」を立ち上げた。それと同じタイミングで出島を出す決断に至っているんです。

東京都の課題をスタートアップの力で解決するために、日常的な交流を通じてスタートアップとの関係を深化させていく。それと逆に、スタートアップの悩みもワンストップで対応できるようにする。これが、いつでも会える都庁としての出島の目的ですね。

ただ、スタートアップといっても幅広い。やっぱりいろんな分野のスタートアップさんが、都庁のいろんな分野とつながりたいという話になる。それで、出島として1回話を受けた後、都庁の中に我々の出島で働いている職員の本体があってですね、そこを通じて全庁的に、各局に置いているスタートアップ支援担当に、橋渡ししてつなげて。そこからまたそれぞれの部局内で展開してもらう。そんな関係になっています。

――なるほど。向こう側の本体と橋がかかっていて、さらに各局の担当者に橋がかかってる。外に出たハブ組織が、縦割りの部署をつなぐ起点にもなっているわけですね。それはおもしろいんじゃないですか、かなり。

直井　都庁内の各組織につなげていく役割を、かなり意識しながら活動していると思います。スタートアップに馴染みのある局、なかなか馴染みのない局もありますし。みんなを巻き込んで、スタートアップ支援に足並みそろえていくのには、いろいろ工夫してて。

東京都庁 スタートアップ・国際金融都市戦略室の出島組織図

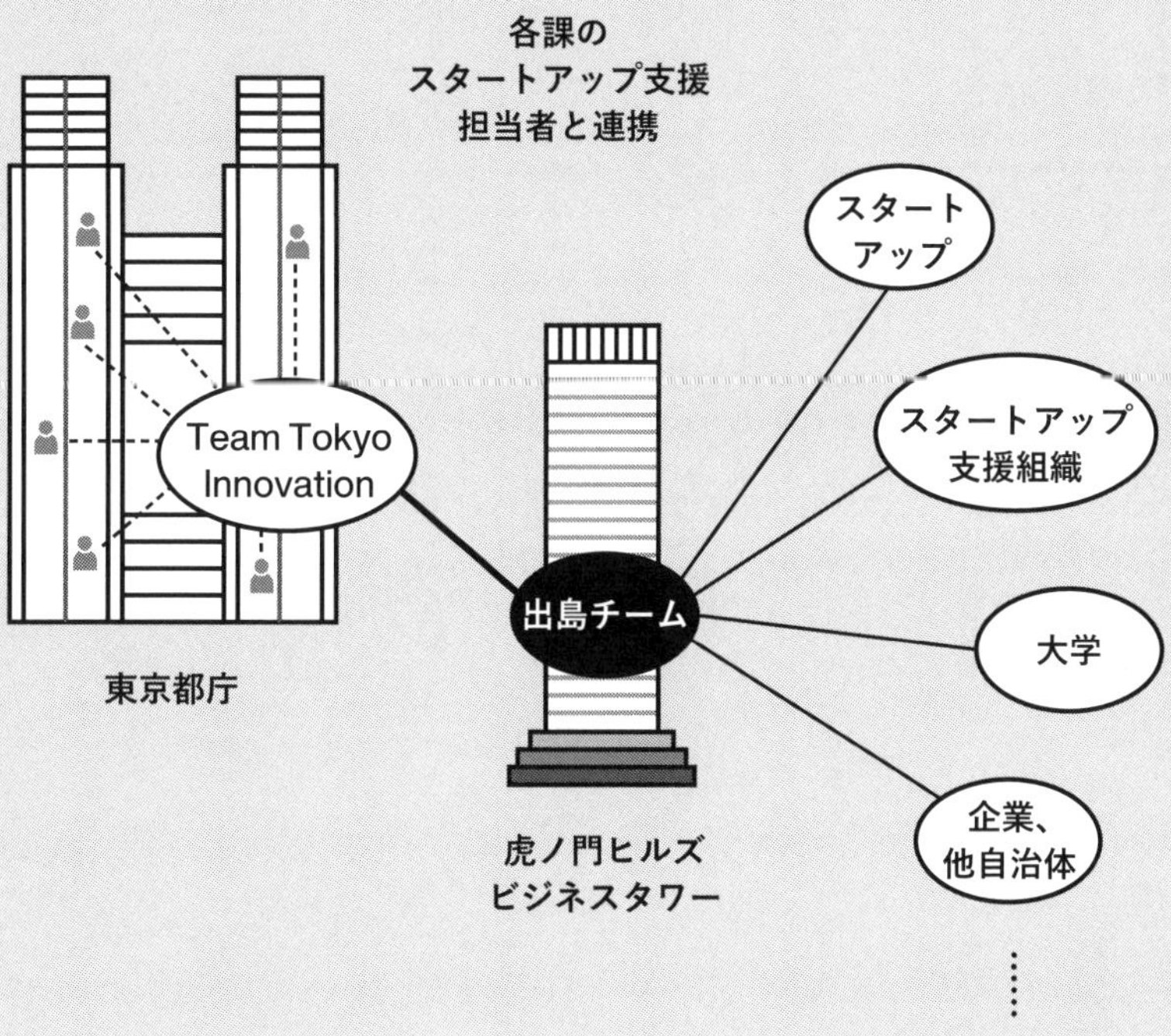

虎ノ門の出島チームが、スタートアップなど外部の組織と「いつでも会える都庁」として日常的に関係を築きながら、案件が発生した時に、都庁内のTeam Tokyo Innovation本体を経由して、各課のスタートアップ担当者とつなげる。

例えば、このＣＩＣはすごく充実した施設じゃないですか。ここに各局のスタートアップ担当の職員を連れてツアーをやって、少しでも雰囲気を感じてもらうとか。イベントをちょっと見てもらったりして、機運を醸成するとか。そうしているうちに、だんだん都庁の中でも、この出島がスタートアップとの協働していく機運の意識づけのアイコンになってきているとは思います。

――こっちに異動したいっていう方もいらっしゃるんじゃないですか。

直井 いや、すごくいいですねって言う職員も、結構いますね。働きたいって。

情熱を持って支えていくこと

――まだ始まって1年ですが、機運以外にも得たものってすでにありますか?

直井 ここに出てきて一番得たものっていうのは、ネットワークがたくさんできたことで。スタートアップはもちろん、スタートアップを支援している関連の団体さんとかのつながりは、ここを通じて確実に増えてきている。あと、このＣＩＣに、他の自治体の方々も結構入ってらっしゃいまして。福岡県や広島県、宇都宮市や浜松市とか。みなさん同じスタートアップ支援の文脈でこちらに出て来られているので、悩みや目的が一緒だったりして、意見交換とか連携の相談とかの、自治体間交流もあったりするんですね。こういう連携って、最初出てくる時には目指してたわけではないですけど、副次的にありますね。

あとは、ワークショップやイベントで、今、少しずつですが、成功体験を積み重ねている感じですね。アントレプレナーシップ教育のイベントで、この間、有名な大学教授とうちのアントレの政策を担当している課長とか入ってパネルディスカッションやったんですよね。大学生の起業家とか若い方々がここからあふれるぐらいいらっしゃって。すごく盛り上がったり。

2023年2月にやったCity-Tech.Tokyoというイベントでは、海外からもたくさんご来場いただいて、かなりにぎわいました。2024年は“Sustainable High City Tech Tokyo ＝SusHi Tech Tokyo”という名前で規模をさらに拡大して開催を予定していたり、若いスタートアップや学生が集まるTIB（Tokyo Innovation Base）という拠点も計画しているので、いろんなところにつながって、よりよいものを作っていけるよう、動いていきたいと思います。

――いいですね。いいですね。

直井 出島ですから、門戸を閉じずに開くのは常に考えてやってて。基本、スタートアップから相談があったら、全部話を聞いて。

2023年2月27、28日に東京国際フォーラムにて開催されたCity-Tech.Tokyoの様子。41の国と地域からスタートアップ企業が出展。2日間の参加者数は、延べ26,746人。

かっちりした行政と、スピード重視の熱意あるスタートアップなので、やっぱり難しい部分がたくさんある。けれど、気持ちを捉えて、都庁内に発信して、みんなを巻き込んでいく。一番大事なのはやっぱり、よくスタートアップを知って、情熱持って支えていくことだと思うんですね。結果的にスタートアップの方々から、ありがとうございましたっていう声を掛けていただけることが、自分の糧になってるというか。原動力になってるってとこですね。

——最初にお話ししたニュースを見た時に、ハブだとかサテライトだとか、横文字で呼ぶ方が、スタートアップ、イノベーション、グローバル、ユニコーンとかの言葉とそろうのに、なんで東京都は、そこだけ漢字で「出島」って呼んだんだろうと思ってましたが、組織を開いていくイメージを持つには、出島って呼んだ方が、イメージが合うのかもしれませんね。

自治体タイプ

(6-2)

佐賀県庁 さがデザイン

SAGA DESIGN

話し手

江島宏

HIROSHI EJIMA

さがデザイン総括監

聞き手

倉成英俊

HIDETOSHI KURANARI

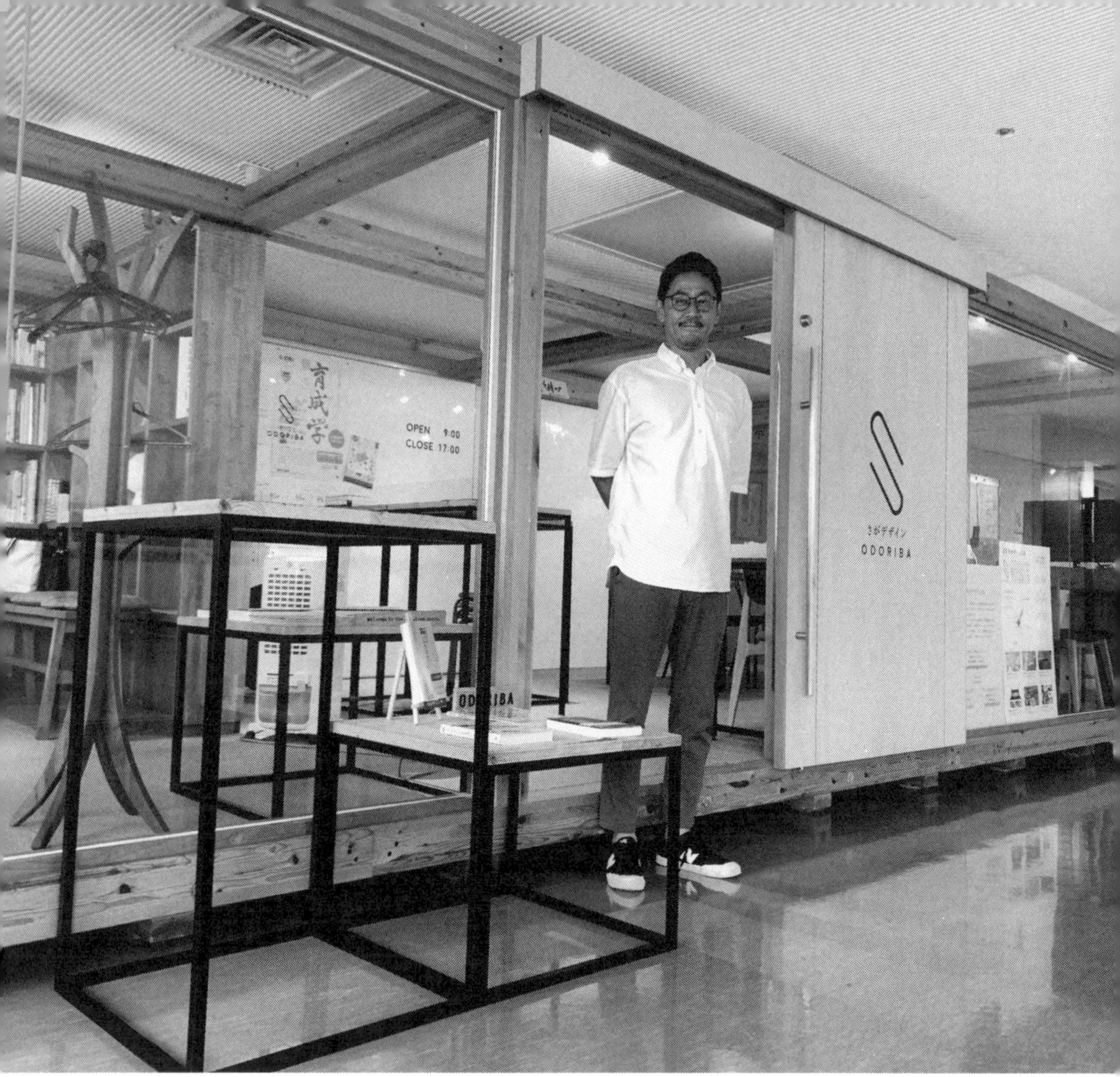

インタビュー場所

佐賀県庁 ODORIBA（佐賀県佐賀市）

プロフィール

江島宏

1994年佐賀県庁入庁。2006年からインバウンド観光客誘致、さらに映画やドラマのロケ誘致を担当。2013年からはスポーツによる地域活性化、シビックプライド醸成に携わり、2020年からさがデザインを統括している。

新しいことやるときは尖ったまま外に出すべきだし、出したい

――まずオフィスからして、普通の執務フロアから飛び出してますね。

江島 ここは、県庁中央ロビーの階段を上がった踊り場なんですけど、そこに県産木材で作った活動スペースを設置したものになります。なので通称「ODORIBA」と呼ばれています。東京R不動産の馬場正尊さんに設計してもらいました。

――外から丸見えですね。

江島 はい。ガラス張りなんで、さぼれません(笑)。

――「さがデザイン」の説明をしていただけますか。

江島 2015年に立ち上がって、9年目になります。一番最初は、親和性があるはずなのに当時はまだちょっと遠いところにあった「行政」と「デザイン」を掛け合わせたらおもしろいことできるんじゃないか、という知事の発想から始まりました。

前例踏襲、形式主義、年功序列、縦割り、杓子定規、といった「行政あるある」。こういったものを、デザインの視点を入れて、クリエイティブに解決していく。課題の本質をあぶり出して、コンセプトを設定し、手段を最適化し、モノ・コトを磨き上げる。そして、行政の施策の効果を高めていこう、というこれまでの行政になかった視点です。

去年と同じとか、書類の令和2年を令和3年に書き換えるだけとか、そういったことをなくして、本当にそれって県民のためになってますかということを、常に考えていく組織になっています。

つまり、さがデザインっていうのはある意味、プロセスとか、システムのことですね。

――出島的なシステム、なんですね。

江島 そうですね。ここで果たしている機能は、大きく2つあります。今までの佐賀県庁は、ボトムアップで職員が楽しいことを思いついても、係長・課長・副部長・部長……と上げていくと、ぎざぎざ尖ったアイデアが、最後にアウトプットとしては、角が取れて丸くなりがちだった。でも、特に新しいことをやるときは、やっぱり尖ったまま外に出すべきだし、出したい。そこで、県庁組織ピラミッドからちょっと飛び出したさがデザインを経由することで、尖ったものを尖ったまま出していく。

――いいですね。尖ったまま出す必要性。

江島 もちろんブラッシュアップはしていくんですけど。なるべく角を取らずにそのままアウトプットしていくバイパス機能ですね。これが1つ目。

もう1つはですね。私も含め、スタッフはみんな県庁職員なんですね。そもそも公務員なので、デザインの経験や、クリエイティブな解決力をそれぞれが持っているかというと、十分ではない。

なので、外部にいるクリエイター、デザイナーやコンサルや建築家の方など、いろんな方と協働して、ゼロイチからの企画や実際に問題を抱えているプロジェクトの改善を進めていきます。その時に、担当課と外部をつなげるハブ機能を我々が担っています。これが2つ目ですね。

鳥瞰的目線で横串を刺しまくる

――僕も佐賀出身なので知っているのですが、佐賀県出身クリエイターがすごくリストアップされてますよね。ODORIBAをなぜ東京R不動産の馬場さんが設計したのかというと、佐賀県伊万里市出身で、佐賀のこともすごくわかってるから、すぐ作れるっていう。

江島 そうですね。協働するにあたって、やっぱり出身者だったり、移住してきた方だったり、佐賀に何らかの縁がある方々との方が、お金払ってビジネスとしてだけじゃなくて、佐賀のために仕事抜きでも真剣に考えてくれるし磨いていきやすいので。

――吉岡徳仁さんとか、タレントさんもつながってますよね。

江島 もう本当にいろんな職種、業界の方と幅広くつながってます。登録制とかではなくて、いろんなその時々に応じて。ゆるく、ですね。

――本当に課題を解決しようと思ったり、新しいことをやろうとしたら、一つのトピックがいろんな課にまたがるじゃないですか。その県庁内部のハブ機能もお仕事？

江島 そうですね。よく言われる、縦割り、セクショナリズムといった古き悪しき風習を打破しようっていうことで。「横串を刺す」と言ってるんですけど、これも我々の役目です。各プロジェクトで、これとこれつなげたら半分のコストでお互い同じ結果が得られるとか、逆に2倍の効果が得られることもあるので。
そのためには、俯瞰する必要がある。なので、組織をちょっと外に出してるわけです。知事はよく鳥瞰という言い方をするんですけど。鳥瞰的目線で横串を刺しまくる、串屋さんでもります。

――普通、鳥は串刺しにされる側だと思うんですけど。鳥の目線で串を刺しまくると。

江島 非常に矛盾してますけど、そういう話です（笑）。

――組織図的にもやっぱり出てるんですか？ 知事直轄とか。

江島 いや、組織図的には中に入ってるんですけど、実際の運用として外に出ちゃってるっていう言い方が正しいかなと思います。つまり、運用上出島になっている。
イメージしてもらいやすいように、日常のシーンをお話しすると、例えば悩んだ職員の駆け込み寺みたいなケース。新規事業を考えなきゃいけないとか、今やってる事業で課題を抱えてる職員たちがここに来て、もうちょっと効果を出すにはどうしたらいいかとか、新規事業どういうやつがいいですかねと聞かれ、一緒に考える。県庁の中の一コンサル部署みたいな役割。
あと、県庁の中で、どこがスタックを起こしてそうか、というところを常にウォッチする。なので私は、机に座ってることがあんまりないんですよね。県庁中を血液みたいに走り回れ、って最初に知事から言われたので。いち早く本土の中の血液が詰まってる所を見つける、

さがデザインの出島組織図

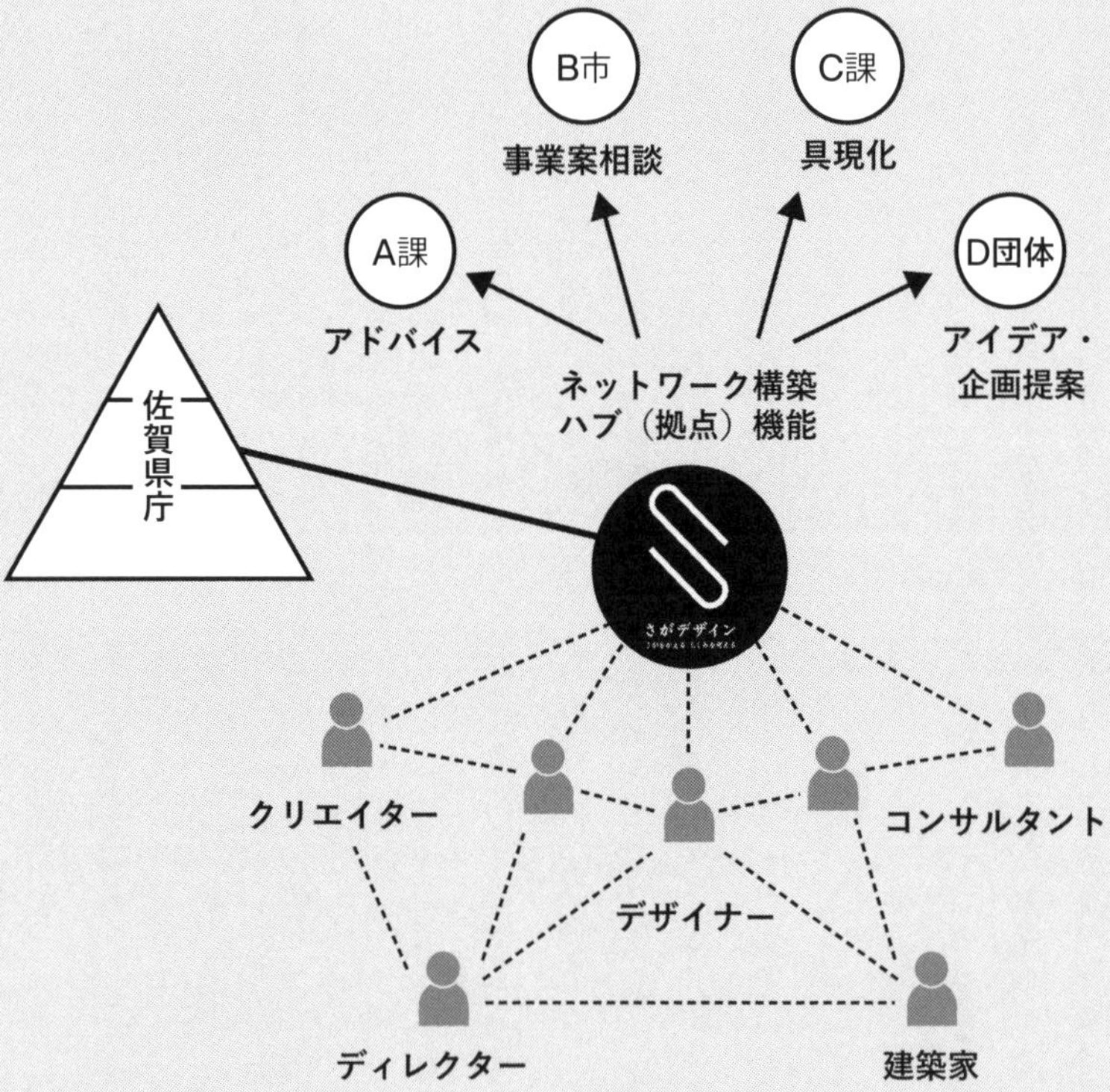

県庁組織のピラミッドから飛び出して、外部のクリエイターたちと連携。担当課をつなぐハブにもなり、デザインの視点から県内のさまざまなプロジェクトを磨き上げていく。

診察するのも役目。それは、ハブやバイパスをやりながら、というか、鳥瞰的にやってるかわかることだと思います。

トライアル・アンド・エラーとチャレンジ・アンド・カバー

——なるほど。そういった感じで県庁本土と出島が関わっていると。そんなさがデザインのお仕事の事例、少しご紹介いただけますか?

江島 今日は、2つに絞って最近の事例を。国民体育大会、通称「国体」が、2023年の鹿児島大会で最後なんですよ。その次の2024年は、国民スポーツ大会（通称「国スポ」）に名前が変わるんですね。その第1回の大会を佐賀県が実施するんです。佐賀大会では、「体育じゃなくてスポーツだからできること」にこだわって、準備を進めています。大会名も「佐賀○○国体」じゃなくて、「SAGA2024」とスポーツらしく。ゆるキャラなし。ピクトグラムは、県ゆかりのスポーツ選手の写真からシルエットに起こしてるので、全部実在の人物のモデルがいるピクトになっている。英語サイトをはじめて作るなどなど100を超える工夫をして、さまざまにガラッと変えていってるんですけど、国スポ開催に向けて作ったアリーナの話をしようと思います。

自治体タイプ

――新聞読んでると、月に1回くらい、北海道のボールパークとか有明の話とか全国のアリーナ構想が記事になってて、そこに佐賀のアリーナが結構出てきますよね。それですね。

江島 国体が回ってくると、それに合わせて施設を改修したり、新しく作ったりすることが多い。その時、地元のいろんなスポーツ団体とか体育協会に意見を聞くわけですね。佐賀の場合、要望があったのは、大きな体育館がほしいと。バスケットコートが4面ぐらいとれるような、という話でした。

「行政あるある」では、住民のいろんな幅広い意見を聞いて、施設にその意見を直接反映させるわけですが、実はそのプロセスを少々変えていて。

SAGAアリーナに関しては、実はバスケットコート2面しか取れません。小さい代わりに、フロアの床張りをコンクリートにして、体育館じゃなくてアリーナにしたことが、今回一番大きな判断でした。

2023年5月にオープンしてから、これまでは佐賀で観ることができなかったB'zとか、NiziUとか、ユーミンのライブが来て、アイススケートショーで高橋大輔選手とか安藤美姫さんが目の前で滑った。東京では当たり前の光景かもしれないですけど、地方ではなかなかない。今年1月には羽生(結弦)くんの単独公演がありましたが、これが決まった時には、私もびっくりでした(笑)。

その結果、すごいインパクトが生まれていて。今はもう3年先ぐらいまで週末全てアリーナ

2023年5月13日にオープンしたSAGAアリーナ。バレーボールVリーグ女子1部の久光スプリングスとバスケットボール男子Bリーグ1部の佐賀バルーナーズの本拠地でありつつ、さまざまなイベントが行われ盛り上がっている。

は予定が埋まっていて、ホテルの予約も満室でずっと週末は佐賀に泊まれないという状況が続いています。佐賀駅からこのアリーナまでが、1・4㎞ぐらいなんですけど、その道周辺の地価も上がり始めています。いろんな波及効果、経済効果、今後のランニングも点ではなく面で見据えてデザインしたアリーナということで、ハードで1つご紹介でした。

――佐賀バルーナーズがB2で優勝して、B1に上がりましたよね。Bリーグは、チームの経営状態やアリーナの収容人数も昇格の条件にしはじめたところに、うまいタイミングで全部マッチしてB1に上がった。すごいシナリオをプロデュースしてますね、さがデザインは。

江島　いや、それはたまたまです……（笑）。ソフト事業でご紹介したいのが、農業とデザインを掛け合わせた「さがアグリヒーローズ」（さが農村イノベーション推進事業）というものです。地方では、一次産業である農業が、後継者不足や就農不足に非常に頭を悩ませているわけですけれど、農業って儲かるんだよっていうのを、クリエイティブに解決して、発信することにチャレンジしています。具体的には、5組の農家さんを募集して、それぞれにデザイナーやクリエイターをマッチング、チームとして4年間伴走してもらいます。農家、養鶏場や酪農家、いろんなカテゴリーの方々がいらっしゃるのですが、売上を1千万増やすという初期の目標を、3年目で全ての農家さんが達成されて、2022年グッドデザイン賞のベスト100にも選ばれました。

――この間、たまたま嬉野のナカシマファームさんに行ったんですね。ミルクブリューのコーヒーのお店をされてて、カップは再生プラスチックでできてて環境配慮もすごくされていて、チーズも世界の賞を取ったりしてる。田舎にあるけど、めちゃくちゃオシャレ。誰がデザインしたんだと調べたら、グラフィックデザイナーの小林一毅さんだった。今若手のグラフィックデザイナーで一人挙げてと聞かれたら、僕は小林さんを挙げてたんですが、その人に依頼してるなんてすごいと思ったら、さがデザインが関わってたんですか。

江島　まだまだ紹介したいのいっぱいあるんですけど、とりあえずこの2つで。

――最後に、これからこういう出島組織を作りたいと思う方に、メッセージやアドバイスがあれば。

江島 やっぱり一番は、楽しむことじゃないでしょうか。どうしたら佐賀県が良くなるかということは、もちろんベースにあるんですけど、そこに向かって眉間にシワ寄せてやってるだけじゃ、いいものはできないと思うので。
それと、行政の仕事って、エラーが許されない範囲があるじゃないですか。でも、新しいことをするには、どうしてもトライアル・アンド・エラーが要る。本土にいるとエラーしないようにどうしても慎重になりますが、出島であるがゆえに果敢にチャレンジ、トライする。そして、何か誰かがミスをした時に、みんなでカバーする。チームで、トライアル・アンド・エラーと、チャレンジ・アンド・カバーの両方を、しっかりやる。だから、一人じゃなくて、チームとして飛び出すことが大事じゃないかと。そうじゃないと続かないんじゃないでしょうか。

――おもしろい。チャレンジ・アンド・カバーってはじめて聞きました。

江島 これは、サッカー用語かもしれないです。選手同士で、誰かがチャレンジしに行くと、カバーに絶対回れよっていう。私、さがデザインに来て最初の仕事は、サガン鳥栖の経営のデザインだったんで（笑）。

――いやあ、いいですね。ありがとうございます。

(まとめ)

縦割りに、出島が効く。

まず、企業だけではなく、自治体にも出島組織がある、ということが、はじめて知った方には、驚きだったのではないかと思う。東京、佐賀以外の県にも、また全国の市役所にも、実はたくさんの出島組織がすでに存在している。長崎じゃない所で「出島」と呼んでいるのが側から見るとおもしろい所だが、それはさておき。企業の出島になかった新しい機能としては、外に出た出島組織が、縦に割られた本体組織の各部署をつなぐハブ機能を果たしている点。セクショナリズムに頭を抱える組織にとっては、自治体でなくとも、非常に参考になるはずだ。最後に江島氏に聞いた、チャレンジ・アンド・カバーも、ミスを恐れてチャレンジをしない傾向がある組織に、参考にしてほしい考え方。企業の出島からは出てこなかった、新たな視点とヒントを、自治体の出島組織からいただけました。

7
大学タイプ

組織間の壁が高く、新しいことを始めるのに時間がかかる組織は、大企業や自治体だけではない。

大学も「動かすのが難しい」イメージがある組織だ。

そんな大学にも、新たなことを生み出すための出島組織は存在している。

民間企業や金融機関などとの接点となり起業を支援する組織や、サイエンスカフェなどのイベントを通して大学周辺の地域住民との接点を作る組織など、さまざまなケースがあるのも特徴だ。

関西大学と北海道大学。私立と国立。大阪と北海道。

成り立ちも立地も、取り組んでいることも全く違う二つの大学の出島組織に話を聞いた。

大学タイプ

（7-1）

関西大学梅田キャンパス

KANSAI UNIVERSITY UMEDA CAMPUS

話し手

財前英司

EIJI ZAIZEN

関西大学事業推進局

聞き手

鳥巣智行

TOMOYUKI TORISU

インタビュー場所
関西大学梅田キャンパス（大阪・梅田）

プロフィール
財前英司
2016年、関西大学梅田キャンパス設立のプロジェクトメンバーとなり立ち上げを担当。現在は「STARTUP CAFE OSAKA」のチーフコーディネーターとして、さまざまなイベント企画のほか、起業プログラムの開発、起業相談などの支援業務に取り組む。

先に出島を作って、後から魂を込める

――スタバが入っていたりしてオシャレな場所ですね。梅田キャンパスには、学生は何人くらいいるんですか。

財前 キャンパスという名前はついてるんですが、学生もいなければ教員もいないんです。

――そんなキャンパスがあるんですか⁉　どういうことでしょう。

財前 大学が2016年に大阪・梅田駅から徒歩5分の場所に、8階建ての建物を作りまして。そこで何をするかというところからふくめて、ゼロから考えて作られた場所なんです。現在はそこで起業の支援、コワーキング施設の運営、社会人のリカレント教育という3本柱で事業をやっていて、私はそのなかでも起業支援をメインに担当しています。

――なるほど。最初にガワというか、建物があって、中身は後から作られたと。

財前 そうなんです。先に出島を作って、後から魂をこめていった感じですね。

――中身がないにもかかわらず、なぜそういったキャンパスを作ることになったんですか。

財前　梅田キャンパスの前身となるキャンパスが、元々は梅田から少し離れた天神橋筋六丁目というところにあって、「天六キャンパス」といわれていました。そこは元々夜間部の学生が通うキャンパスでしたが、90年代後半ぐらいから、昼間は働きながら夜に大学で学ぶ学生が少なくなって、天六キャンパスにも学生がいなくなってしまいました。それからしばらくは場所貸しや大学院のキャンパスとして活用していたのですが、当時の経営判断で２０１５年頃に天六キャンパスを売却して、梅田キャンパスができることになったんです。

――そこからどういう風に話が進んで、今のような出島キャンパスになったんでしょう。

財前　大学のビジネスモデルって、学部を作って、学生募集をして、学生が学びに来るっていうイメージですよね。ここはいわゆる「学生に便利な駅前キャンパス」にはなりえなかった。キャンパスは作るけど容量的にも学部は作れないし、学生も来ない。じゃあ何をするのか……「それを考えなさい」ということで、４人のタスクフォースが立ち上がったんです。そのうちの一人が僕でした。

当時、これからの世の中は一体どうなっていくかを考えるなかで「多様な組織や人が共創していく世の中になっていくだろう」とか「働き方の変化によって、起業は鍵になるだろう」

といった議論がきっかけとなり、今の事業につながっていきました。

――そういった事業の構想は上司にはすぐ理解してもらえましたか。

財前 大学にとってははじめての取り組みで何のナレッジもなかったから、そもそも手探りでやるしかなかった。こういう新たな取り組みはボトムアップの積み上げ式でいくとうまくいかなかったかもしれないですが、ハードがすでにできてしまっていたし、誰も正解がわからない暗中模索の中で、反対しようがなかったところはありますね。

「未知の探索」のための組織

――4人のタスクフォースからはじまって、今は財前さんのほかに、どんな方が働いているのですか。

財前 もともと大学は基本的な考え方がクローズドだと思うので、プロパーではない外部の人も積極的に入ってもらうようにしていますね。

――「大学はクローズドな組織」というのは、どういうことでしょう。

財前 もともと大学は国や政治に介入されないことで、自由に独自の教育や研究に励むことができるという点において、クローズドな組織だと思うんです。研究成果も大学の中に閉じて、外部の介入を許さないことで純粋培養できるメリットがある。一方で、最近はそれだけだと社会の要請に対応できなくなっていたり、大学の存在意義すら問われる声も聞こえてきている。「大学は世間知らずだ」という言われ方をされることもありますが、その反省もふまえて、大学のことを知ってもらうためにもオープンにしていく必要がある。だからこういう出島組織には、外部の人をいかに招き入れるかが大事だと思っています。

――それでプロパーではない人も多いと。そうやって生まれた関西大学梅田キャンパスと本体組織との関係を、図をもとに教えてもらってもよいでしょうか。

財前 関西大学千里山キャンパスが本体組織としてあって、10の学部が含まれています。そこに高校や中学校、幼稚園も併設している。大阪の堺市や高槻市にも3つキャンパスがあるのですが、それらも含めて本体ですね。本体は既存の教育研究を深めていく「既知の深化」のための組織体だと言えます。一方で出島組織である私たちの梅田キャンパスは、新たな領域を広げていく「未知の探索」のための組織だと考えています。

――既知の深化と未知の探索のあいだに橋がかかっていて、往来できるようになっていると。

関西大学梅田キャンパスの出島組織図

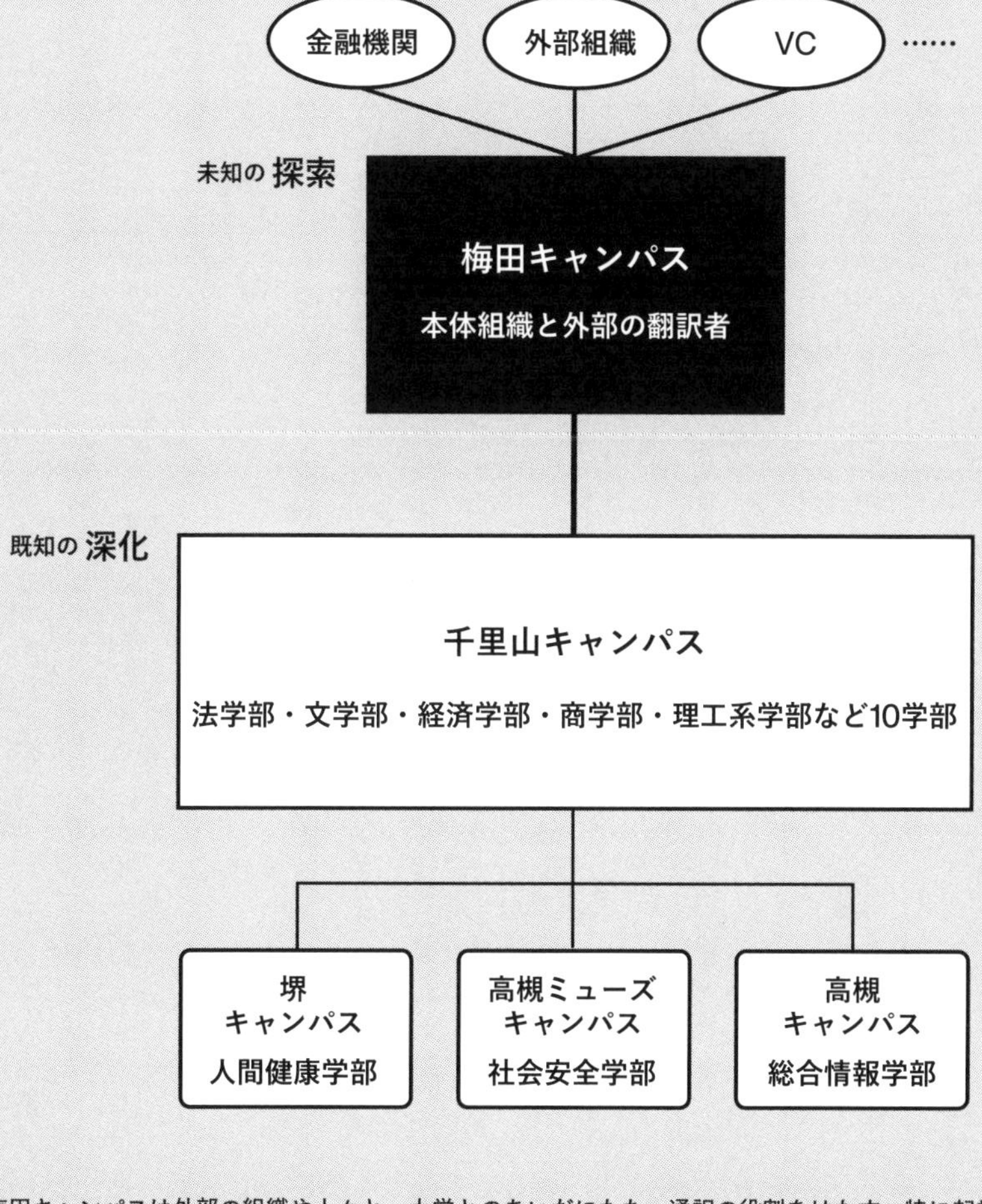

梅田キャンパスは外部の組織や人々と、大学とのあいだにたち、通訳の役割をはたす。特に起業支援の分野では金融機関などとのネットワークを活かし、大学発のスタートアップ創出などを後押しする。

財前 そうですね。そこはポイントです。もう一つ、出島で言うところのオランダ通詞のように、外部との翻訳者というのも私たちの役割だと考えています。

——何を翻訳するんでしょう。

財前 大学は一つの専門領域を深めていく組織体ではあるけど、それ以外の領域のことはわからないから、拒絶してしまうことがあったりする。企業ではその取り組みが儲かるかどうかで是非の判断ができたりもするけれど、大学はそういうロジックも持っていない。だからその取り組みの価値や意義を双方向に通訳できる人が非常に重要だと思います。

偉い方にはできるだけイベントに来てもらう

——本体と出島の関係がよくわかりました。出島で生まれている成果を教えてください。

財前 一番の成果は外部とのネットワークなど大学が持っていなかったリソースの獲得です。例えば起業支援でいえば、ベンチャーキャピタルや金融機関とつながったことで、そこから資金提供を受けられる仕組みができました。

――梅田キャンパスから生まれたサービスやスタートアップがあれば、教えてください。

財前　ここで出会ったメンバーで起業をした例でいうと「マーケティングタウン」というボードゲームを作っているネクセラという会社があります。起業相談に来ていた社会人と梅田キャンパス内にあるスタートアップカフェ大阪によく遊びに来ていたボードゲーム作りが好きな学生がいて、双方から個別に相談を受ける中で2人で一緒にやってみたらいいんじゃないという話になって、会社を作って起業することになりました。

――ネクセラの作ったボードゲーム、以前ウェブで見たことがあります。梅田キャンパスから生まれていたんですね。具体的にはどんな支援をしたのでしょう。

財前　最初に相談を受けた時に話していた個人が遊ぶボードゲームではなく、「企業向けの研修用ボードゲームなどはどうか」というアイデアのブラッシュアップや、仮説構築のための知識の補足など、いわゆる事業メンタリングということをしています。この時は金融機関や投資家など、事業立ち上げに必要な組織や人も紹介しました。

――大学の本体組織の人たちへの影響はありますか。

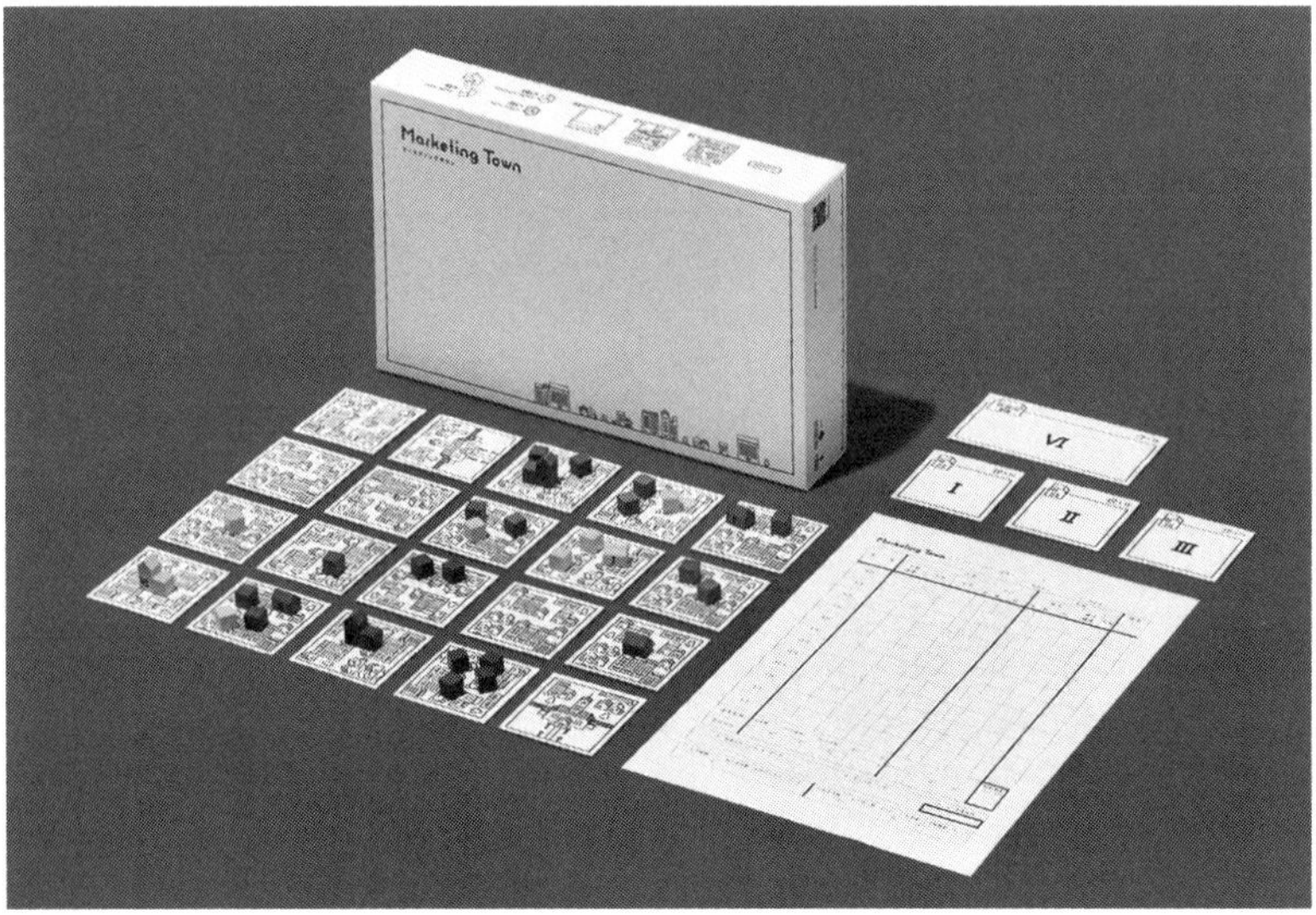

梅田キャンパスでの出会いがきっかけで起業した「ネクセラ」制作の、経営視点を体感できるゲーム「マーケティングタウン」。

財前　出会いの影響は大きいですね。大学本体組織の人がプロジェクトやイベントを通して外部の人たちと出会うことで「こんな人がいるのか」とか「こんなやり方があるんだ」と、今までにないやり方を学べる。そういう研修機能という成果もあると思いますね。

――財前さんはそういった成果を本体組織に報告される際にはどうされていますか。

財前　年間の決算が終わったあとで作る事業報告書などで、起業家数やイベントの来場者数といった成果も丁寧に説明していますよ。そういう数字の報告だけでなく、偉い方にはできるだけイベントに来てもらうようにしていますね。現場を見せて、直接コミュニケーションを取ってもらうと「みんな生き生きしていた」とか「これええな」って成果を実感していただけるんです。そこで我々の役割を理解してもらえると、数字のことはあまり言われなくなる。大学は経済合理性だけで成り立っている組織体ではないので、実際に現場に来てもらって理解してもらうことが非常に大事なんですよね。

――数字に表れない、現場の熱気やムードが何よりの説得材料になるということですね。最後に、大学における出島組織の役割や特徴ってどういうところにあるのか教えてほしいです。

前財 先ほどもお伝えした通り、大学は成り立ちから言っても基本的にクローズな組織体だと思うんです。これまでの社会ではクローズドでも良かったんですが、時代の変化に伴う社会の要請などからクローズドだけでやっていくのは難しくなってきている。外部とナレッジを共有しながら、新しい価値を生み出していくことが新たな大学の役割の一つだと考えたときに、通詞となる組織体や新たな職種が必要になる。それが大学における出島組織の役割ではないでしょうか。

大学タイプ

(7-2)

北海道大学 CoSTEP

Hokkaido University CoSTEP

話し手

川本思心

SHISHIN KAWAMOTO

科学技術コミュニケーション教育研究部門 部門長

聞き手

鳥巣智行

TOMOYUKI TORISU

インタビュー場所
北海道大学東京オフィス（東京）

プロフィール
川本思心
北海道大学大学院教育推進機構オープンエデュケーションセンター科学技術コミュニケーション教育研究部門 部門長。理学研究院 准教授。博士課程まではミミズの再生研究に取り組んでいたが、基礎研究と社会の関係などへの関心から、現在の分野に転身。現在、教育・実践ではサイエンスライティングを中心とし、研究では、特に異分野の専門家間のコミュニケーションやデュアルユース問題に関心をもっている。最近レゴ熱が復活。

ごちゃまぜ感が大事

――CoSTEPとはどんな組織なんでしょう。

川本 CoSTEPは「科学技術コミュニケーション教育研究部門」という名前で「教育・実践・研究」3つに取り組んでいます。

――3つの柱があるわけですね。1つ目の柱「教育」ではどんなことをやっているんですか。

川本 5月に開講して3月に終わる「科学技術コミュニケーター養成プログラム」というものが、教育領域の中心プログラムです。そのプログラムは北大の学生だけじゃなくて、日本中の人が受講できるんですよ。大体6割ぐらいは学外の人です。残り4割ぐらいが北大の人。そのうち3割が院生で、残りが教職員や学部生という形になっています。研究者や当事者の人を招いて、サイエンスカフェみたいなイベントを開催して、ただ講義を受けるだけではないプログラムにしています。例えばゲノム編集で生まれた子どもとお母さんが原告・被告になるというような裁判劇をやり、参加者は裁判員として参加し議論するということをやる実習があります。

――裁判劇に参加するなかで、ゲノム編集といった科学のことやそれに関係する倫理的なことまで学んでいくわけですね。

川本 そうです。ほかにも研究を取材して記事化するといった実習もあります。学びを広報や発信につなげていくことで、教室の中でただ学ぶのではなく「実践」につなげていくことを意識しているわけです。

――なるほど、それが2つ目の柱の「実践」ということで。3つ目の「研究」についても教えてください。

川本 CoSTEPのスタッフは、実はアカデミアではなく実務家系も多いんです。それが強みではあるんですが、大学の中でスタッフが業績を残していくためにはジャーナルが大事になってくるので、それを作って発行するということもやっています。

――大学組織なのに実務家が多いのですね。どんな方がいらっしゃるんでしょう。

川本 もともと大手新聞社にいて、その後テレビ関連の映像制作会社に入り、科学番組をたくさん作っていた方とか。出版社で科学系の書籍を作ったのちにスタッフをやっていた方など、おもしろい経歴の人がたくさんいます。

――受講者も学外の人が多いし、スタッフもアカデミア以外の人が多いというのは、出島っぽいですね。

川本 はい。ごちゃまぜ感を大事にしています。

本体組織ができない広報

――そのごちゃまぜの出島と、本体組織との関係を教えてもらえますか。

川本 大学院教育推進機構という本土の組織とは、教育のベースでつながっています。ただそれだけではなくて、いろんな組織にいろんな関わり方で血管を張り巡らせることで「切り落とされたらみんな生きていけない」というような関係性を作ることを意識しています。

――切り落とされたらみんな生きていけない関係とは？

川本 いろんな組織にとって「役に立つ」と思ってもらうということですね。例えばこちらで作ったコンテンツを、本体の広報課が北大本体のサイトで利用するというような関係性を築いています。コロナの時には、当時北大にいらっしゃった、理論疫学の西浦博先生のインタビュー記事を出しました。当時はさまざまな社会的なこともあり、科学的に不確実な部分があるこ

2018年に開催された第100回サイエンス・カフェ札幌「THE イグ・ノーベル SHOW〜「研究」で笑い「研究」で考える〜」では北大のイグ・ノーベル賞受賞者2人を招いて開催された。

とを本体組織の広報として扱うのはリスクも高く難しかった。それを我々が記事にして、本体広報もあとで掲載するということをやったら、年間で一番読まれる記事になりました。

——「本体組織ができない広報」で、役に立ったわけですね。

川本　はい。ほかにも学内組織が広報をしたいけど自前でメディアやイベントを立ち上げるのが難しいときに、私たちが持っている「サイエンス・カフェ札幌」というイベントや「いいね！Hokudai」というSNSを使ってもらうこともあります。

——CoSTEPのサイエンスカフェはすごく有名

ですよね！　集客力がすごいと聞いたことがあります。

川本　一番多い回だと200人ぐらい来たことがあります。100回記念のサイエンスカフェで、北大に2人いるイグ・ノーベル賞の受賞者をお招きしたときですね。規模としてはもう「サイエンスカフェ」とは言えないようなレベルです。

——普通、大学がやるサイエンスカフェで市民の方が200人来るってありえないですよね。

川本　お客さんが来てくれないとしょうがないので、タイトルに関しては本当に何度も何度も練り直して。タイトルが決まらないとデザインも決まらないので早く決めてくれないと困ると言われたりしながら。そういう中でコンテンツを作っています。広報以外にも、私たちが作った教育プログラムを、大学の別の組織のプログラムとして使ってもらったり、いろいろな形で「役に立つ」ことを意識していますね。

ゆるいガバナンスからだんだん出島になった

——授業にせよ、サイエンスカフェにせよ、大学らしからぬ企画を実現してしまうCoSTEPが、どうやって生まれたのか気になります。なぜ本体を出たのか、組織の成り立ちについて教えてください。

川本　出たというよりは、もとから付属でくっついていたという感じなんです。

――自分の意思では出ていない、というような言い方ですね。どういうことでしょう。

川本　CoSTEPは科学技術振興調整費という、5年間にわたって毎年大きな予算が出るような国の支援を獲得したのがきっかけでできた組織なんです。その予算は科学技術コミュニケーションの教育組織を作ることを目的としたもので、東大、早稲田、北大の3拠点が対象として選ばれました。

――CoSTEPは助成金がきっかけで生まれたんですね。

川本　はい。申請した杉山滋郎先生が理学研究院の先生だったので、最初の5年間は理学にぶら下がる組織でした。ただその段階では組織というよりはプロジェクトでしたね。そこには、杉山先生が日本中から呼んできたおもしろい人たちが集まっていました。

――そこからどうやって、いまのような形に？

川本　当初は予算がつく5年のあいだのプロジェクトだったので、それが終わるタイミングでなくなる可能性もありました。最終的に北大側が学内組織にするという判断をしたことで、存続することになりました。

――大学の英断でしたね。

川本 それで入った組織は「高等教育推進機構」という、いわゆる全学の教育組織でした。昔で言う教養部みたいなところです。学問領域にかかわらず、全学の教育をするという位置づけの組織ですね。本当は組織内の立て付けをもっと整理して……というようなことも考えていたようですが、そのあたりがうまくいかず、基本的にそれまで通りの活動がミッションとなり、期せずして自由にやれていたというところもあると思います。

――ゆるい立て付けから、期せずして出島の自由が確保されたということですか。

川本 そうですね。最初の出自もそうでしたし、所属することになった高等教育推進機構も、あまりがっちりガバナンスをきかせる組織じゃなかったので、自由度が高かった。ゆるいガバナンスから、だんだん出島になっていった。

――オーガニックに出島になっていったような印象を受けますが、実際は組織を作った杉山先生の意向も大き

北海道大学CoSTEPの出島組織図

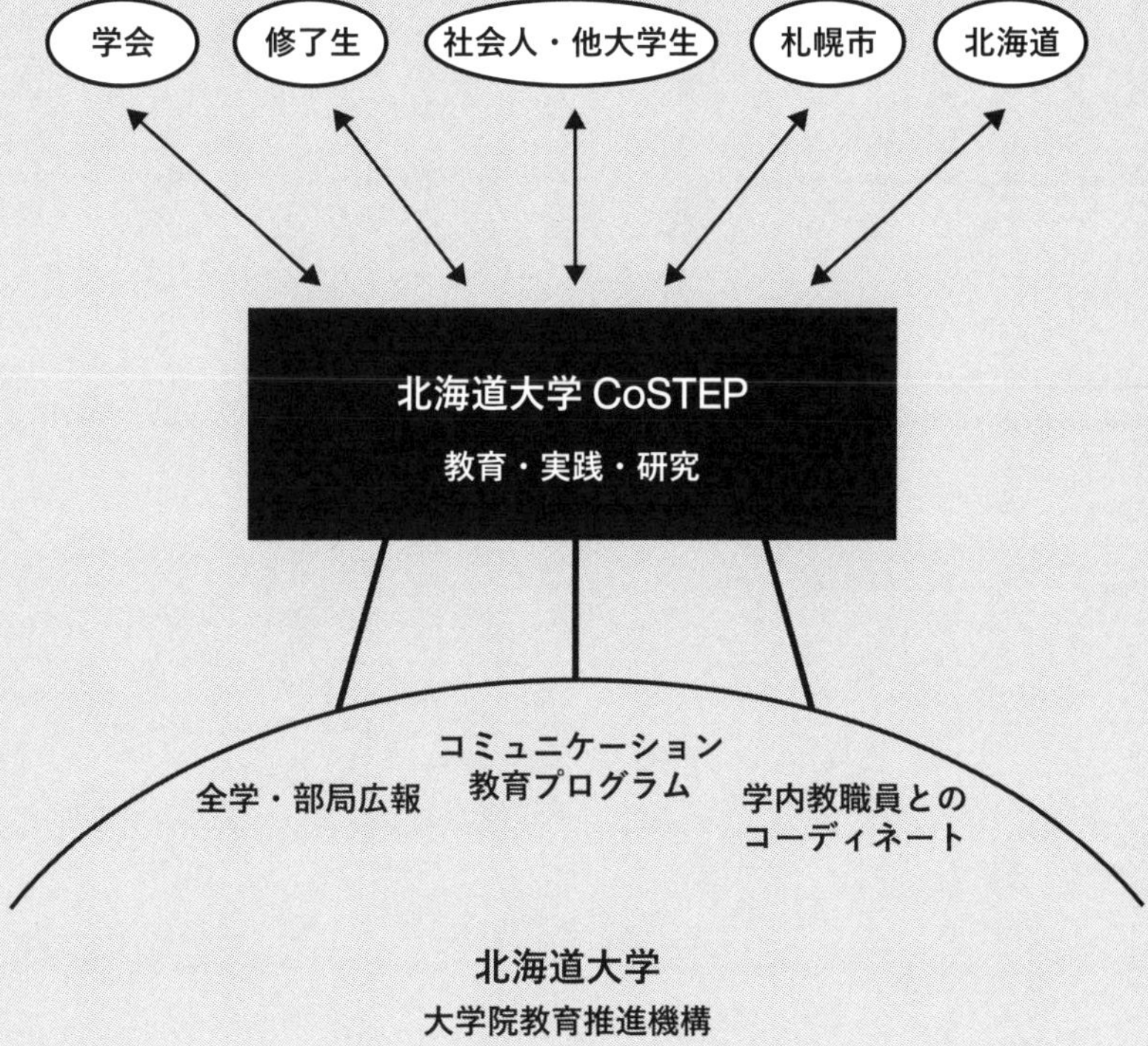

本土の組織とは教育などをベースにつながっているが、それだけではなくさまざまな組織に橋をかけて血管を張り巡らせるようにつながりをつくることで「切り落とされたらみんな生きていけない」というような関係性をつくっている。

かったのではないでしょうか。

川本　そうですね。2003年頃に文科省関連の組織が出した報告書がありました。そこには「科学技術コミュニケーターの大切さ」や「どうやって、どんな人を育てたら科学技術コミュニケーターになるか」といった、そういう青写真が描いてあったんですね。そこには「大学院生や研究者が科学コミュニケーターになる」ということが描かれていたんですよ。基本的に東大も早稲田もそのモデルにのっとっているのですが、北大だけ考え方が違っていた。「学内の人だけでなく、一般の方も受講できるようにする。学外の人たちも科学技術コミュニケーターになれるし、ならなきゃいけない」と杉山先生は考えていたんです。

――なぜ杉山先生はそう考えたんでしょう。

川本　科学技術コミュニケーションはいろんな人が関わらなきゃ良いものにならないという理念がまずあった。それに北海道という場所で、自分たちだけでやっていてもパイが小さいから、もっと広げていかなきゃいけないという考えもあったのだと思います。そこが最初の作りとしては大きかった。それによって外部を積極的に受け入れ、受講生もスタッフもCoSTEPらしい「ごちゃまぜ感」や、プログラムのオリジナリティが生まれていった。それがベースにあるから、今ではどこにもきっちりはまらないというか、「あそこはいろいろ使えるから」

と放っておいていただいているのかなと思います。

――外とつながらねばという危機感があったのですね。立地のハンデを補うために、いろんな人を巻き込む出島組織にしていくという方針に、CoSTEPのオリジナリティの由来がある気がします。

川本 その危機感に、ゆるいガバナンスという環境要因もあわさって、こうなっていました。

――いろんな要因が混ざり合ってCoSTEPが生まれたということがよくわかりました。最後に大学で出島組織を作る意義を教えてもらえますか。

川本 大学に限らずだと思うのですが、すごく重要だけど誰も担当していない、異なるポジションのあいだに落ちる球みたいな仕事が絶対あると思うんです。そういう仕事がすごく大事な仕事だったりする。それをきちんと拾っていくのが出島組織ではないでしょうか。いろんな組織のあいだにいる出島組織だからこそ、その球を拾うことができる。大学と社会のあいだや、大学と企業のあいだ、大学と行政のあいだにも、そういう球が落ちている。そういう仕事こそ、組織にとっても、社会にとっても大事な仕事だと思っています。

（まとめ）

大学の知恵を社会に開き、風穴をあける。

企業における出島組織が、経済を活性化するための出島だとしたら、大学における出島は知恵の交易を活性化する出島と言える。これまではクローズドで鎖国状態だった大学内の学問や研究成果を、社会に開く存在だ。その際、大事なのは「ごちゃまぜ」であること。大学外のさまざまな組織と接点を持ち、多様な人たちが集まる出島から新たなスタートアップが生まれ、たくさんの科学技術コミュニケーターが育ち、大学と社会のあいだに落ちている大事な球が拾われるようになる。そのインパクトは大きい。二人の話を聞きながら、大学以外の教育機関、たとえば高校や小中学校における出島組織の可能性も感じた。時代の変化に応じて教育現場にも変化が求められている。自由に動きやすい出島組織だからこそ、凝り固まった教育の現場に、新たな風を吹かせる可能性があるはずだ。

8

伝統工芸タイプ

守るべきところは守りつつ、変化を生むような新しいことを作る。

そのために生まれたさまざまなジャンルの出島組織を見てきたが、思わぬ業界でも出島が出てきている例がまだある。

それは、伝統工芸。

世の中やライフスタイルの変化の中で、伝統を後世に引き継ぐために、革新するチャレンジ。

そう考えると、出島組織がこの分野で生まれているのは何の不思議もない。

嬉野と京都、磁器と織物の世界から。２つの事例をここに引く。

伝統工芸タイプ

(8-1)

224 porcelain

224 porcelain

話し手

辻諭

SATOSHI TSUJI

代表

聞き手

倉成英俊

HIDETOSHI KURANARI

インタビュー場所

224 porcelain 工房（佐賀県嬉野市）

プロフィール

辻諭

１９７９年12月15日生まれ。佐賀県嬉野市出身。近畿大学、有田窯業大学校卒業後、辻与製陶所与山窯勤務。２０１２年224porcelainを立ち上げる。吉田皿屋えくぼとほくろ（２０１７〜）、吉田皿屋ひかりぼし（２０１８〜）企画・ディレクション。２０２１年世界に翔びたて佐賀ものづくりびと表彰受賞。２０２２年法人化「株式会社２２４」設立、佐賀県立美術館にて10周年企画展「decade」開催。

31歳にして反抗期が来た

――辻さんと出会ったのは、２０１３年。僕が、有田焼創業４００周年（２０１６年、ARITA episode2プロジェクト）のお手伝いをし始めた時に、有田の産地の方々へのインタビューを30人ぐらいばーっとさせてもらった、その一番の若手が辻さんで。おっしゃることが現代的ですごく共感しました。

辻 「我々は４００年間かけて一つの山をほとんど切り崩して器を作ってきた。そして、さらに器を作り続けるっていうのは、どういう意味があるのか考えなきゃいけない」って出会ってすぐおっしゃったんですよね。「あ、この人は違うな」と思って。世代も近いし、それからちょこちょこお付き合いをさせていただいて。

すごい悪い言い方をすると、自分たちの仕事は地球を壊す仕事だと。山を削って石を取って、窯を焚く時は二酸化炭素をたくさん排出して。地球を壊す代償として自分たちが何を作るのかっていうのを、ちゃんと考えるような作り手でありたいっていうことを、多分言ったと思うんですけど。今もその気持ちは全く変わらなくて。

――まずは肥前吉田焼について、続いて辻さんがされていること、の順番で伺いましょうか。

辻 はい。肥前吉田焼は、佐賀県の嬉野市にある小さな焼き物の産地なんですけれども、歴史は約４００年ありまして。その長い間、大衆向けの食器を作ってきています。代表的なもので言うと、昭和を舞台にしたドラマや映画とかで、水玉の茶器がちゃぶ台の上にのってるシーンがあると思います。サザエさんがそれでお茶を飲んでたりとか。あれが吉田焼です。以前は吉野家の丼も受注していました。なのでみなさん知らず知らずのうちに結構目にしていると思います。

しかし、佐賀県の磁器を総称して有田焼と呼んでいいという定義があったり、有田や波佐見の問屋・商社から発注される仕事も多く、有田の端っことしてずっとやってきていた経緯があり。実は４００年間「有田焼」という名前で世に出ていて、吉田焼の知名度が低いんですね。正直、吉田焼っていうのは、ばかにされてきた産地でもあって。波佐見焼みたいに大量にモノを作れるような産地でもないですし、有田なんか技術力でも世界で一番で。なので、私としては、自分ができることで、吉田焼をなんとか全国区にしたいという思いがあります。

その吉田焼の中で、僕の実家は、今残っている中では一番古く、歴史が１７０年以上。父が六代目です。染め付けとか赤絵とか、非常に伝統的な焼き物が得意な窯で。でも、僕は、ニューヨークのＭＯＭＡに行ったり、いろんな方とお会いしたりしてお話しする中で、自分はプロダクトデザインをやりたいっていう思いがどんどん強くなって、どうしても実家の焼き物じゃないものを作りたくて。31歳にして反抗期が来たと言いますか、独立しました。

屋号は「224 porcelain」っていうんですけども。２２４は、実家の辻与（ツジヨ）製陶所からの語呂合わせで引き継ぎつつ、記号っぽくしています。昔ながらの腕のいい職人とか感覚のいい職人ってたくさんいて、当然簡単に追い付けるものではなくて、何十年もかかる。そこをなぞることが本当に僕がやるべきことなのかという思いがあり。400年培った伝統的な技術をうまく使いながら、新しい素材を積極的に使ったり、テクノロジーを融合させたり、昔できなかったけど今の時代だからできることがあるんじゃないかと。「今の時代を生きる陶工」として、チャレンジすべきことをやりたいというのが、今の自分です。

3Dのモデリングから土まで

――辻さんが作られてきたもの、いろいろ見せてもらえますか？

辻 基本的には食器がメインになってくるんですけど。うちの特徴として1から10まで全部自分が作るものもあれば、外の誰かと組んで商品開発もしています。サウンドデザイナーの日山豪さんと人間が心地よく感じる音が鳴るコップを作ったり。イタリアのデザイナーと一緒にミラノサローネに出したり。佐賀県の窯業技術センターで開発された、多孔質セラミックという水を吸う材質の磁器で、日本香堂さんとフレグランスディフューザーを制作したり。

――自由が丘のDULTONで「あの黄色い植木鉢、オシャレだな」と思ったら、DULTON×224 porcelainって書いてあって、やるなぁ、と思ったこともありましたよ。

辻　ありがたいことに依頼は多くてですね。なかなか手での表現では難しいものでいくと、佐賀県鹿島市の光武《みつたけ》酒造場さんの333周年の記念ボトル。一升瓶なんですけど、『北斗の拳』のラオウのヘルメットに黒王という黒い馬がまたがってるもので。作画監督の和田卓也先生とか、ハリウッドとかの特殊メイクやってるAmazing JIROさんとか、そういう方にも入ってもらって、3Dのデータをこっちで編集して、削り出して型を作って、一緒に作り上げたものになります。そういう制作は、うちじゃないと難しいんじゃないかと、光武社長にお声がけいただいて。

――辻さんのとこでしか難しいのは、なんでなんですか？

辻　他でもできるとこはあるとは思うんですけど、クオリティと価格のバランスで言うと、うちが一番良かったんじゃないかなと。あと、これに関しては土の開発からやってるんで。

――3Dのモデリングから土まで。そこまで含めていくと、辻さんのところに行き着く。

元禄元年（1688年）創業、光武酒造場による“マンガと焼酎”のコラボ企画 第四弾「北斗の拳 黒王号ボトルセット」。ラオウのヘルメットの上に、愛馬黒王号が乗っているボトルと、焼酎グラス2種を、224 porcelainがオファーを受け制作。

辻　うちしかできない……そこまで言っていいかあれですけど、苦労はしましたが、自分の中でも納得いく仕事ができたかなというのはあります。

――あと、嬉野でお茶を飲むとよく、辻さんの器で出てきたりしますよね。

辻　気を遣ってくれてるところはありますけど。嬉野っていう場所が、温泉が１３００年、お茶が５００年っていう地域資源がある街で。ちょうど僕ら世代が、修業期間もしっかりやって、どんどん自己表現ができるような年齢になってきて。旅館の息子だったり、お茶の生産農家の息子だったり、焼き物というと僕だったりとか、その辺で、何か一緒にやろうということがあって、「嬉野茶時」というティーツーリズムが始まって。

嬉野の茶師が茶葉を作るところから、お客さんが口に入れるところまでを楽しんでいただく、と。旅館の中のカウンターバーや、茶畑の中の「天茶台」という空間を設けて。お茶を五感で味わってもらうための器はどういうものが良いか。茶師たちと一緒に開発して。

出島の中の出島という感覚

——どんな風に出島なのか、図で教えていただけますか?

辻　まずイメージ的には、肥前の中の大枠でいう「有田焼」の中にある「吉田焼」っていうのが、もうそもそも出島なんじゃないかと。
その吉田焼の中でも、うちは他のところではやってないようなことにチャレンジしている、産地の中でも出島。つまり、出島の中の出島という感覚があるかもしれないと、改めて気づかされました。話してるうちに。改めて自分のやってることを再認識させていただけたなと。

——こういう構造だから、伝統工芸の中で、新しいことがたくさんできているんだと。

辻　もし僕がメジャーな産地のど真ん中に生まれてたら、いろんなことを意識してたかもしれないですね。産地としてどうあるべきか、とか。幸いにも肥前吉田焼は、あまり知られていな

224 porcelainの出島組織図

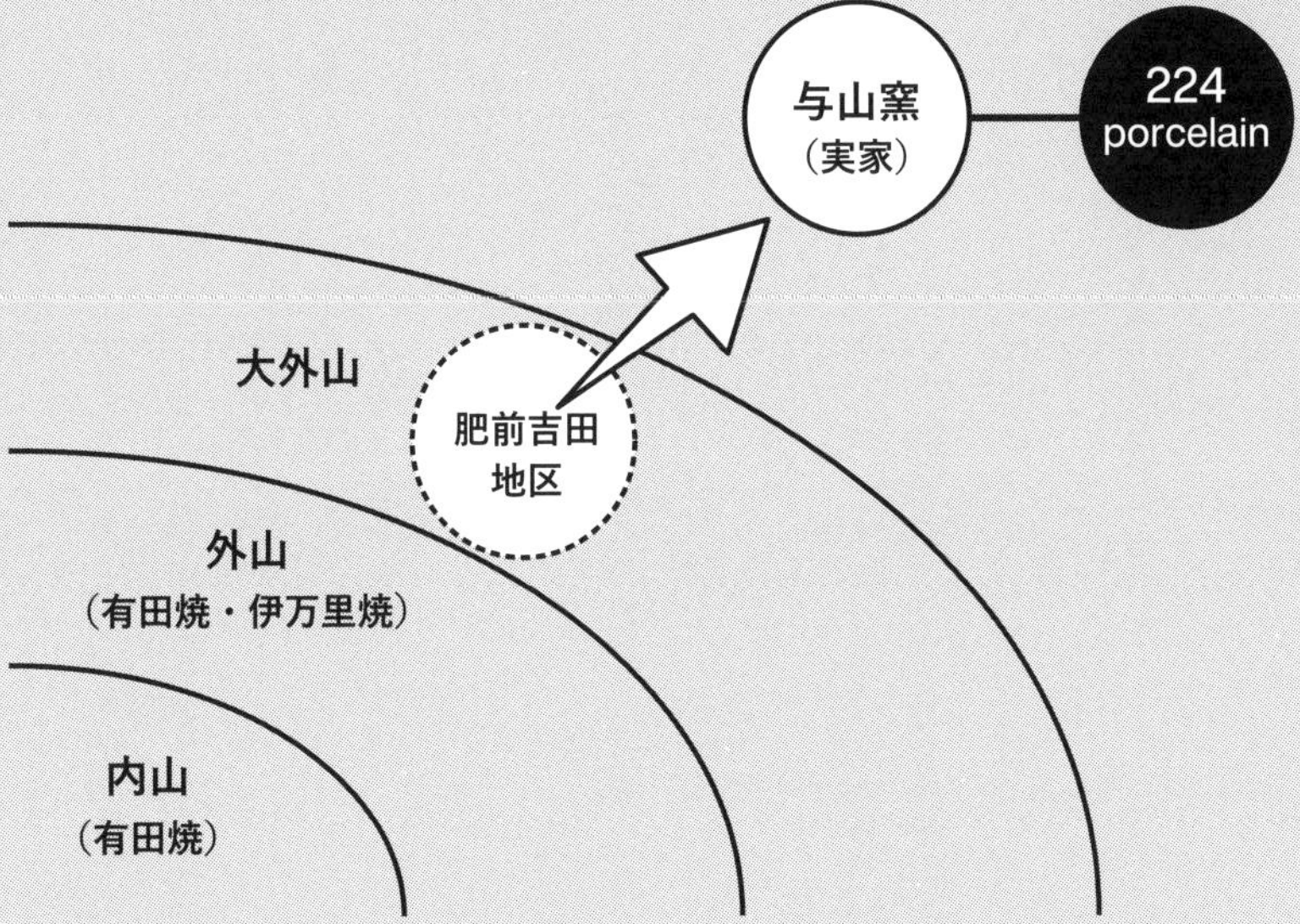

有田は中心に近い方から、内山、外山、大外山というエリアに分けられ、肥前吉田焼は、大外山に位置し、有田の出島的位置づけと捉えることができる。さらに窯元である実家から飛び出し、伝統技術は引き継ぎつつ、新しい技術を取り入れる出島として224porcelainがある。つまり、二重に出島!?

いので、自由。新しいことはもう積極的に取り入れていきますし。そういう意味では、本当にやりたいことにどんどんチャレンジできる場所に生まれたかなって。

例えば、実際、NC切削（プログラムによって、刃物や工作物の位置を正確に動かしながら加工を行う）で、焼き物の型を作るのがうちではもうスタンダードになっていて。紙の図面からクライアントに焼き物のサンプルが届くまで、平均1カ月ぐらいかかっていたのが、うちの場合、僕の体が空いてたら1週間以内には作れる。このスピード感と、大幅なコストダウンと。そのおかげで、ありがたいことに、いろんなお話が来るようになってきて。技術的な研究開発をする会社が話を聞きに来られたりとか、実際にテスト焼成を頼まれたりとか。焼き物で新しいことに取り組んでいるところ、と認識されてるんだなと感じる機会が多くなってきたので、この感じで新しいこと、おもしろいことを続けていけば、また違ったものづくりができるのかなと思っています。

その延長線上で、吉田焼を知ってもらって、これからの焼き物を一緒に作りたい、何かクリエイティブなことをしたいという若い人が、この嬉野の吉田地区に増えてきたらいいな、と。実際、若い人からのコンタクトも少しずつ増えてきています。

――これは、ワクワクする産地になりそうな予感満載ですね。

辻　嬉野でお待ちしてます！

伝統工芸タイプ

(8-2)

細尾スタディーズ

HOSOO STUDIES

話し手

細尾真孝

MASATAKA HOSOO

細尾 代表取締役社長

聞き手

倉成英俊

HIDETOSHI KURANARI

インタビュー場所

オンライン（撮影：細尾＠京都）

プロフィール

細尾真孝

元禄元年（1688年）より織物業を営む西陣織の老舗、細尾家に生まれる。大学卒業後、音楽活動、大手ジュエリーメーカーでの勤務を経て2008年、細尾に入社。西陣織の技術・素材をベースにしたテキスタイルをディオール、シャネルの店舗に提供するなど、世界のトップメゾンをクライアントに持つ。2021年著書『日本の美意識で世界初に挑む』（ダイヤモンド社）を上梓。

伝統産業もやり方次第では成長産業に

――知人の紹介で、細尾の工房にお邪魔させてもらったのが、確か2014年？

細尾　ですね。ご無沙汰してます。

――その時、当時の社長であるお父さんが、息子さん（真孝氏）に海外事業を任せ、成果が出ている話を聞いて、ずーっと頭の中に残っていて。動き回る出島じゃないか、と。それで今回、約10年ぶりにご連絡しました。

細尾　その後、いろいろやっているので、さらに進化した出島の話ができると思います。

――今日は、その辺り含めて、お話お願いします。

細尾　弊社は西陣織の織屋としてスタートしまして、元禄元年（1688年）から織物に携わっております。西陣織の1200年の歴史の中で、特に京都が都だった1000年間の主なお客様というと天皇・貴族・将軍家、神社・お寺。つまり、ある意味お金に糸目をつけない方のオーダーメイドの布を織り続けてきた。経済合理性や効率を度外視して、究極の美を求めてきたのが、背景になります。

しかしこの数十年は、他の伝統工芸と同様、マーケットの90％を失うような縮小の一途を辿り、これからどう残していくかというタイミングの中、私、２００８年に家業に戻りまして。最初は、あんまり継ぐつもりはなくて。伝統工芸って、伝統を守るために同じことを変わらないように続けるような、すごくコンサバティブに見えて。そこは興味ないな、もっとクリエイティブな仕事したいなと。元々、高校の時とか、セックス・ピストルズが好きでパンクバンドやったり、基本的にカウンターカルチャー好きだったんですね。

そんな中、家業に戻ろうと思ったきっかけは、父親である先代の社長が、西陣を実験的に海外に向けて展開し始めたこと。「あ、西陣織を海外に展開するって、結構誰もまだちゃんとやったことないな」と、だんだん興味を持ちまして。伝統産業も、やり方次第ではクリエイティブ産業、成長産業にできるかもと思った時に、無性に自分でやりたくなって。

ただ当時はまだ事業になってなかったし、社内からもどちらかというと先代社長の道楽、みたいな扱いで。メインの着物もこんな大変なのに、お金ばっかり使って、みたいな。そんな中、なんとか形にしたいと、やってきました。


――知らなかった。意外と逆風から始まってたんですね。

細尾　転機になったのは２００８年の12月。依頼があって、パリのルーブルの装飾美術館で開かれた「感性 kansei ~ Japan Design Exhibition」に、西陣織の琳派柄の2本の帯を出品したんですね。その展覧会が好評で、翌年ニューヨークに巡回して、終わる頃に、一通のメールが来まして。展覧会で帯を見たと。この帯の技術・素材を使ってテキスタイルの開発を依頼したいと。ピーター・マリノという建築家からでした。

実は彼は、ディオールやシャネルの世界中の旗艦店を手掛けた、世界でも5本の指に入るラグジュアリーが得意な建築家で、常に新しい素材を探してたんですね。そこで西陣織に目をつけた。何に使うかっていうと、壁紙やカーテンなどの、インテリアの素材として使っていきたいという。

ただ通常、西陣織はヒューマンスケールなので幅が32㎝。これだと幅が狭すぎて、継目だらけになって、土俵に乗らない。もっと広いものを織るには織機がない。ないなら作るしかないということで、世界ではじめての150㎝の幅の、西陣織の技術が使える織機の開発に入りまして。丸1年かかって一台完成し、そこから海外展開が一歩ずつ進んでいくと。

最初はピーターを通して、ディオールの店舗の内装材をやるようになって、シャネル、カルティエ、ルイ・ヴィトンといったラグジュアリーブランドの店舗の内装材や、ザ・リッツ・カールトン、フォーシーズンズなどの5スターホテルのヘッドボードとか、クッション、カーテンに展開するようになって。

そこがスタートポイントで、徐々にハイファッションや現代アートの世界、またトヨタ・レクサスＬＳのドアトリム部分のテキスタイルだったり、ライカの世界500台限定のカメラのボディーになったり。

――10年前は「織物界のフェラーリ」を目指すっておっしゃってましたが、レクサスに搭載されたんですね。

細尾 はい。織物の常識をどんどん壊して、更新していく「モア ザン テキスタイル」ということを指標に置きながら、活動を続けております。さらに、今の時代でないとできない西陣織ってなんなのか。テクノロジーと融合させたり、常に更新し続けて、バトンをまた未来につないでいくことをしっかり体系的にやっていこうと、「細尾スタディーズ」という研究開発部門を、2020年にスタートさせました。

「美と問いがあるか？」

――待ってました。新しい出島の話ですね。

細尾 基本的にはディレクターの私と、アートのキュレーター、リサーチャーの3名がコアメンバー。あとはプロジェクトに合わせて、外部の大学や研究機関、企業、アーティストとか、そういった方々と染織にまつわる研究開発を行っています。
キュレーターが入っているっていうのが、実はミソでして。弊社の烏丸御池の5階建ての本社ビルを、2019年に「Hosoo Flagship Store」としてリノベーションした際に、2階部分に「Hosoo Gallery」を作りました。3、4年かけて研究開発してきたものを、アートの企画展としてここで年に2回発表し、いろんな方に見ていただいて、そのフィードバックを研究開発に戻していくための場所です。

あくまでアートですので、別にプロダクトアウトしなくてもよくて。大事なことは、「美しくあること」と「社会に対しての何かしらの問いやメッセージ」。つまり、キュレーターが入ることで、「美と問いがあるか？」ということを、研究開発の時点から常に精査しながらやっていくのが、一つの仕組みとなっています。

――独自のシステムですね。具体的にはどんなモノを作ってきたんですか？

細尾　例えば今、弊社と東京大学とZOZO NEXT（ZOZOの研究部門）の3者でやってる「アンビエントウィービング」は、温度とか環境情報によって変化する織物。先端的なマテリアルを一緒に開発して織り込んだスマートテキスタイルです。25℃になったら青色が出て、もっと低い温度だと色が沈んでいったり。紫外線が当たると3秒で硬化するものとか。これ、今は硬化したら固まりっぱなしなんですけど、もし硬化を解除できるようになると緩衝材になり、世の中から段ボールをなくしたりとか、物の輸送もスマートに美しくできる可能性があります。

細尾スタディーズのプロジェクトの中で、一緒に織機に向き合う、プログラマーと西陣織の職人。いろんな異業種が出入りする環境の中で、固定観念にとらわれない西陣織が生まれていく。

数学者とプログラマーとのプロジェクトもあります。なんで数学者かというと、織物の組織が数式になることがわかってですね。何回も泊まりがけの合宿して、数学者がうちの職人の横で数式書いて、それを布に起こしていったりとかですね。

他には、西陣織の手描き帯の図が約2万点ありまして、これを京都芸術大学と一緒に、全部デジタルアーカイブしていこうというプロジェクト。今は、アーカイブできた1万4千点をＡＩにディープラーニングさせて、ＡＩが織物を描いていく段階に入ってます。

そういったいわゆる先端的なものの逆もやってて、平安時代の自然染色を復活させていく、古代染色研究所も作りました。薬を「服」用するって言うように、平安時代、着ることが薬だったんですね。例えば官位十二階で一番位の高い深紫という色は、ニホンムラサキの根っこから色を取るんですけど、この植物は傷の修復を早めたり、炎症を抑えたりする効能がある漢方だったりする。
ある意味古くて、僕らにとっては新しい、こういうものを復活させていこうと。自社農園を作って、自然染色植物の栽培をして、その横に建物を作って、採れたての植物で染めていくみたいなこともやっていたり。
こんな形で、新旧いろんなレイヤーで10本のプロジェクトが並走しています。

自分たちの中で化学反応・結合が起きていく

――お会いしてない間の進化がすごいですね。細尾さんが代表ですか？　今。

細尾　2020年に社長になりました。

――昔は先代のもとで、細尾さんが海外事業の出島だったわけですが、今の形で言うと、細尾本体に対して、細尾スタディーズが研究開発の出島になってるわけですね。

細尾　そうですね。以前は、場所も西陣織の工房の方を僕は拠点にしてて、ほぼ隔離した状態でやってたんですが、Hosoo Flagship Storeを立ち上げたのは、これを統合したいという思いがあったんですね。1階が新しい西陣のテキスタイルを使ったショールーム、3階が人間国宝とかの伝統的な着物のフロア。4階がオフィス、5階がホール。そして、2階がHosoo Galleryで、細尾スタディーズの実験を展覧会としてアウトプットする場所。
研究開発の細尾スタディーズは、別にどこか決まったところにみんながいるわけじゃなくて、東大の研究所だったり、いろんな外部と連携して進む。10個ぐらいのプロジェクトが出島のような形で、外と中を行ったり来たりしながら、並走する。
そして、ギャラリーで研究の成果を展示すると、当然本体の人間も、同じビルなので絶対何回も見る。そこでコミュニケーションを取ると、本体で活動できるものも生まれたりする。一連のフィードバックが起きるループになってます。

――なるほど。じゃあ、細尾スタディーズは概念とかチームであって、場所があるわけではないんですね。

細尾 細尾でやる時も、合宿する時もあれば、コラボ先の方で素材の開発を並走してやっていたり。なので場所は固定されてないですね。

――メンバーはどこにいらっしゃるんですか。

細尾 基本的にはコアメンバーがギャラリーに。加えて、西陣のエリアの町家のHouse of Hosooっ

細尾スタディーズの出島組織図

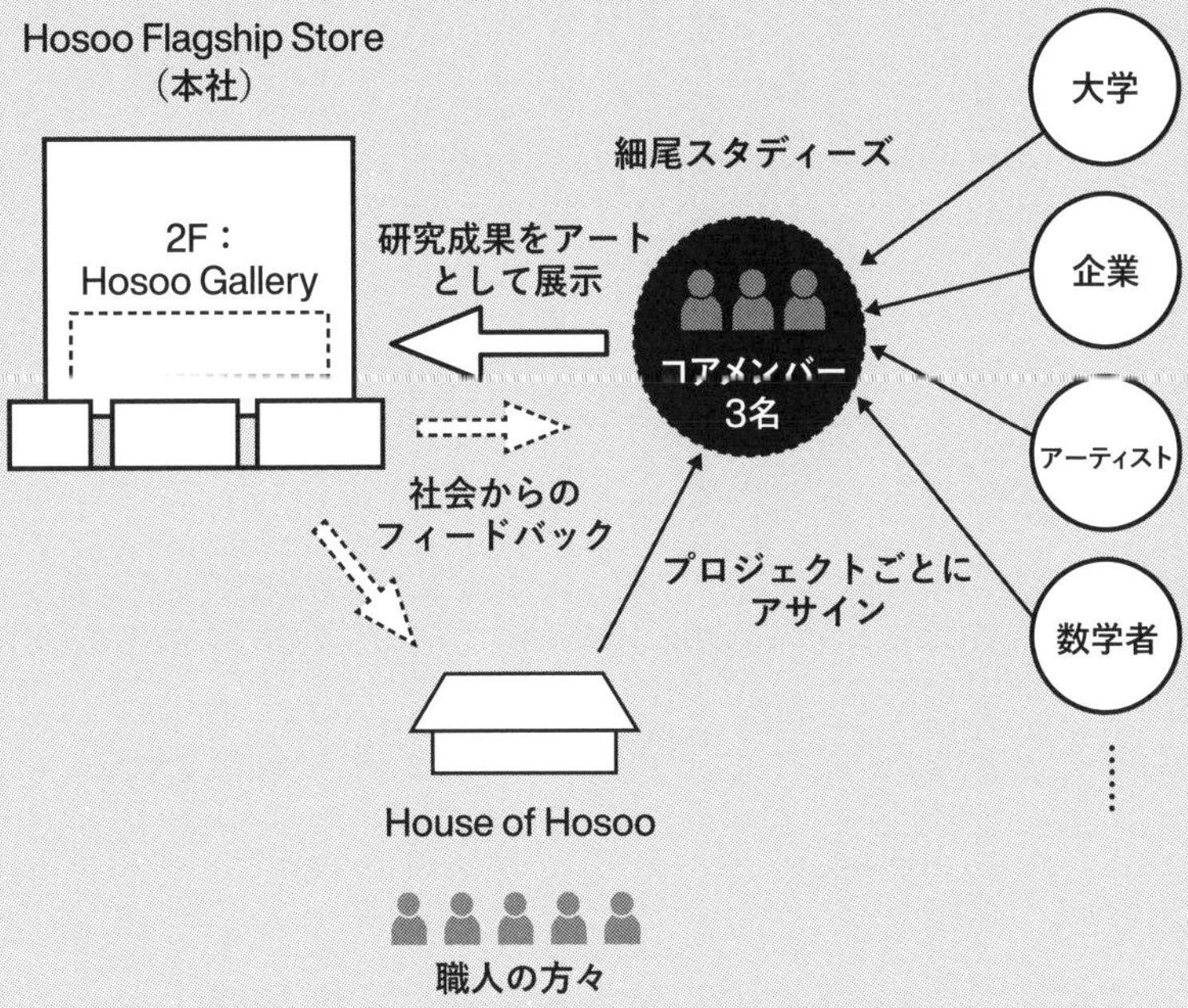

研究開発部隊の細尾スタディーズが、外部のさまざまな人々と連携。プロジェクトごとに職人をHouse of Hosooからアサイン。成果をアートとして、本社ビルであるHosoo Flagship Storeの2Fのギャラリーにて展示。社会からのフィードバックが社にループし、次につながるシステム。

ていうものづくりの現場に職人たちがいて、そこからアサインされていく。

――じゃあ、ギャラリーと、その現場がつながってて。

細尾　そうです。毎回巻き込まれて編成されていく感じです。

――出島的に出すことのメリットって、細尾さんの場合はどうですか？

細尾　離しておくことで自由にできるっていうのが一つあるかなと。やっぱり新しいことやろうと思うと、内部につぶされるみたいなところがあると思うんですね。さらには、本体に入っちゃうと、やっぱりビジネスにしなきゃダメってことになるんですけど、1回離してしまって、ギャラリーの展示にしようと思うと、いくら儲かるのかは置いといて、社会にとって新しい問いが生まれるのか、メッセージがあるのか、見たことのない美がそこにあるのか、そういうところでやっていける。するると、今までなかった角度で、ひょっとしたら事業にも展開できるかもしれない種が、最終的には出てくる。そしてどんどん知見がたまっていくと、別々に走ってたものが合わさったりする。新しい人材が織物に目覚めて参加してくれて、リクルーティングにつながったりする。一つの体系として、自分たちの中で化学反応・結合が起きていくような、自分でも予想つかないおもしろい機能の仕方してるなっていうのはありますね。

次ちょっと挑戦してみたいなと思っているのは、1個、ポンッて、宇宙船出すみたいな感じで。出島組織から、子会社なのか、ジョイントベンチャーなのか、もうちょっとビジネス展開なんだけど、スピンアウトしていくような。そういう展開も想定しながら、今の研究開発のそれぞれの仕上がり具合を見ていくのが、おもしろいって、実は思っています。

――なるほど。それぞれの出島の先に、これからいろんな形が出るのかもしれませんね。ありがとうございました。

（まとめ）

守りつつ、攻める方法、としての出島。

焼き物と織物。肥前と京都。その違いはあれど、現代だからこその伝統工芸を追い求め、未来にバトンを渡そうとするお二人のチャレンジは共通点があった。守りつつ攻める。いや、引き継ぎつつ攻めると言った方が正しいか。テクノロジーや違うジャンルなどの異物と混ぜて、昔はできなかった、今だからできることを生み出している。一見自由に見えるが、伝統の世界でそんなに簡単なことではないはず。不易流行とは昔からいうものの、どうしても不易、つまり変わらないものの方を守る力が強く働くからだ。その挑戦を可能にしているのは、外に出す、外に出る、という一手だった。しかし、出島として単に外に出せばいい、わけではない。インタビューの行間から感じてもらえたと思うけれど、大事なのは、危機感。サバイブのための本気度がドラマを生み、人を惹きつける。それがなければ出る必要もないし、出してもうまくいかない。このことは、一応触れておきたい。念のため。

9 ひとり出島タイプ

出島組織を自分の組織でも作ってみたいけど、どうやっていいのかわからないというあなたにオススメしたいのが「ひとり出島」タイプだ。

ひとりなのに出島「組織」!?というツッコミはいったん横においておこう。

そう、出島は、ひとりからでも始められる。

外部連携の起点となり、そこで生まれた価値を本体組織に還元しながら、新たなプロジェクトやビジネスにつなげていく。

三者三様のひとり出島のみなさんのお話を、座談会形式でお届けする。

ひとり出島タイプ

(9-1)

三石原士・仲山進也・原田宏子

MOTOSHI MITSUISHI　SHINYA NAKAYAMA
HIROKO HARADA

話し手

三石原士
MOTOSHI MITSUISHI
パーソルキャリア

仲山進也
SHINYA NAKAYAMA
楽天大学

原田宏子
HIROKO HARADA
長崎市役所

聞き手

鳥巣智行
TOMOYUKI TORISU

インタビュー場所

オンライン（撮影：パーソルキャリア@青山）

プロフィール

三石原士

転職サービス「doda」の立ち上げメンバーとして、インテリジェンス（現パーソルキャリア）に入社。メディア&コミュニティ（現doda Xキャリアコンパス）の初代編集長に就任するなど、多くの新規事業やサービスの立ち上げをリードする。ワークショップ「タニモク」開発者。

インタビュー場所

オンライン（撮影：仲山考材オフィスの近く@鎌倉）

プロフィール

仲山進也

シャープを経て楽天に入社。楽天市場出店者の学び合いの場「楽天大学」を設立。2007年にフェロー風正社員（兼業自由・勤怠自由の正社員）に。2008年に仲山考材を設立。組織や人材育成に関する著書も多数出版。

インタビュー場所

オンライン（撮影：市民活動センターランタナ@長崎）

プロフィール

原田宏子

長崎市役所入庁後、都市景観課や文化財課、市民協働推進室、都市経営室、秘書広報部といったさまざまな部署でまちづくりや市民協働、広報などに携わる。令和4年3月に卒業し、再任用で現在は市民力・職員力エンパワーメンターとして活動中。

――パーソルキャリアの取り組みとして「タニモク」というプロジェクトをはじめられた三石さんと、楽天の中で楽天大学を作られた仲山さん、長崎市の職員で出島組織サミットの実行委員でもある原田さん、3名にお集まりいただきました。うまくまとまるか不安なのですが……最初にみなさん、自己紹介をお願いしてよいでしょうか。まずは、三石さん。

三石 みなさんこんにちは。パーソルキャリアの三石と申します。ミッション共創推進という部署で「キャリアオーナーシップを育む社会をつくる」というパーソルキャリアのミッションやサービスを知ってもらうためのプロジェクトを推進しています。その中の一つが「タニモク」を広めるプロジェクトです。

――4人1組になって他人に自分の目標を立ててもらうワークショップ、略してタニモク、ですね。

三石 はい。パーソルキャリアは「一人ひとりが前向きに自分の働き方を選択し、行動していく世界」を目指して事業に取り組んでいるんですが、実際に働くことについて考えるきっかけはそう多くはありません。そこで「タニモク」というプログラムを作って企業や学校などで使ってもらっています。アスリートのセカンドキャリア支援など、さまざまなキャリア支援のプログラムで使ってもらうケースも増えています。「タニモク」は、パーソルキャリアが無償で提供するワークショッププログラム。使うときには「パーソルキャリアが提供元である」こ

4人1組になって他人に自分の目標をたてもらうワークショップ「タニモク」の様子。

とを伝えてもらうようにしています。それが広まれば広まるほどパーソルキャリアのブランディングにもつながっていくというシステムになっているんです。

――「タニモク」のサイトを拝見しましたが、ワークショップで使うスライドや台本、ツールもダウンロードできるようになっていて、使い勝手が良いですね。続いて仲山さんのお話を、お伺いしてよろしいでしょうか。

仲山　何をしてるかというと、説明が難しいのですが……自分にサービスメニューがあるわけでもなく、いろんな方から頼まれたことをやっている働き方をしておりす。結果として、今は「チームビルディング」とか「組織文化醸成プロジェクト」に携わる機会が多くなっています。

2000年に楽天大学を立ち上げて3年ほどは出島感があったのですが、その後は出島からさらに変化、進化した形になっている気がします。後でお伝えできればと思います。

——ありがとうございます。プロフィールを拝見したら、楽天で唯一のフェロー風正社員という風に書かれてらっしゃったんですけれども。これはどういうことなのか……後でまた教えてください。では最後に原田さん、お願いいたします。

原田 みなさんこんにちは。「外で得たことを庁内にフィードバックする」をモットーに、企業や市民と行政のコネクターになりたいと思いながら活動をしています。まちづくりに関わったのがきっかけで、職員のファシリテーター育成や市民向けのファシリテーション講座など、対話の場を作りたいという一心で20年以上やってきました。最終的には都市経営室や秘書広報部というところで、いろんな企業や大学と包括連携を結びながら「仕組みを作ってしまえばこっちのもんだ」という動き方をしてきました。よく飛び出しているとかはみ出しているとか言われるんですけど、市役所の仕事以外でも興味のあるものには、できる限り参加してきたし、今もそうしています。

橋は後からかける

――私は長崎市の方々とも仕事をすることがあるんですが、原田さんと話してると、物事がものすごい速さで決まっていく印象があります。さて、かなり三者三様な感じがしますが、「なぜひとり出島になったのか」を伺いたいです。三石さんからお話聞いてもいいですか。

三石 僕はもともと2016年頃に、会社のオウンドメディアの編集長をやっていました。その時に「はたらく」をテーマにディスカッションイベントを毎月開催していて、その議論ネタをもとに記事を制作して、コミュニティのみなさんと一緒にSNSで拡散するということに取り組んでいたんですね。今思えば、外部のコミュニティと接点を多く持つことをやっていたので、組織のキワにいたんです。そのコミュニティとのワークショップのなかで、企画したワークショップが「タニモク」の原型でした。4人1組で目標をたててもらうという内容のものです。

――そこからどうやって広がっていったのでしょう。

三石 その内容をまとめて運営するメディアに掲載したら、1日で1500ほど「いいね」がついて、たくさんの人にシェアされました。社内ではなく外で反響があったんです。ただ最初に反響があったのは学校など、もともとパーソルキャリアがビジネス対象としてないところでした。とある高校の先生から「タニモクをやってみたいから、学校に来てもらえないか」というお話があって、それが本体をはみ出すきっかけとなりました。

――出島になったきっかけは、予期せずバズって、外に出たということなんですね。

三石　そうですね。その後学校の先生から「一緒にカリキュラム作らない?」と声をかけられたところからはじまっていきます。高校のカリキュラムを作るって、なんだかおもしろそうだなと思って外に出ていきました。だから本体を出た理由は、本体組織や事業とは関係のないところなんです。おもしろいに惹かれて、外に出てしまったということになります。

――その時、本体組織には、報告したりしていたんですか。

三石　してないですね。勝手にやっていました。

――ひとりではじめて、広げていったということですね。

三石　はい、ひとりではじめたものでした。もちろん、おもしろがってくれる人たちと一緒にやってはいましたが。組織の外に仲間ができていきました。

――その個人でやっていたものを会社の活動に接続するまでには、どんなことがあったんですか。

三石　話題になってきた頃に社内では「そのプログラム、反響があるんだったら売れるじゃん」という議論はありました。でも研修を一つひとつ売ってお金を動かすよりも、我々らしい取り組みをやることに全振りした方が社会的インパクトは大きくなるはず。そこについては上司ともだいぶ話をして、売り物にはしませんと伝えました。

――そうやってゴールをすりあわせていったんですね。

三石　そうですね、条件交渉しましたね。結果、「タニモク」が話題になりパーソルキャリアの社名とともにメディアに露出が増えていきました。広告費換算してみると、1年目から1億弱の告知効果が見越せました。翌年にはテレビにも取り上げられたりもして、そういったことをうまく活用しながら社内を説得していきましたね。

――売上は立っていなくても、広報的な価値があるからということですね。逆に三石さんが副業だったり、個

三石原士のひとり出島組織図

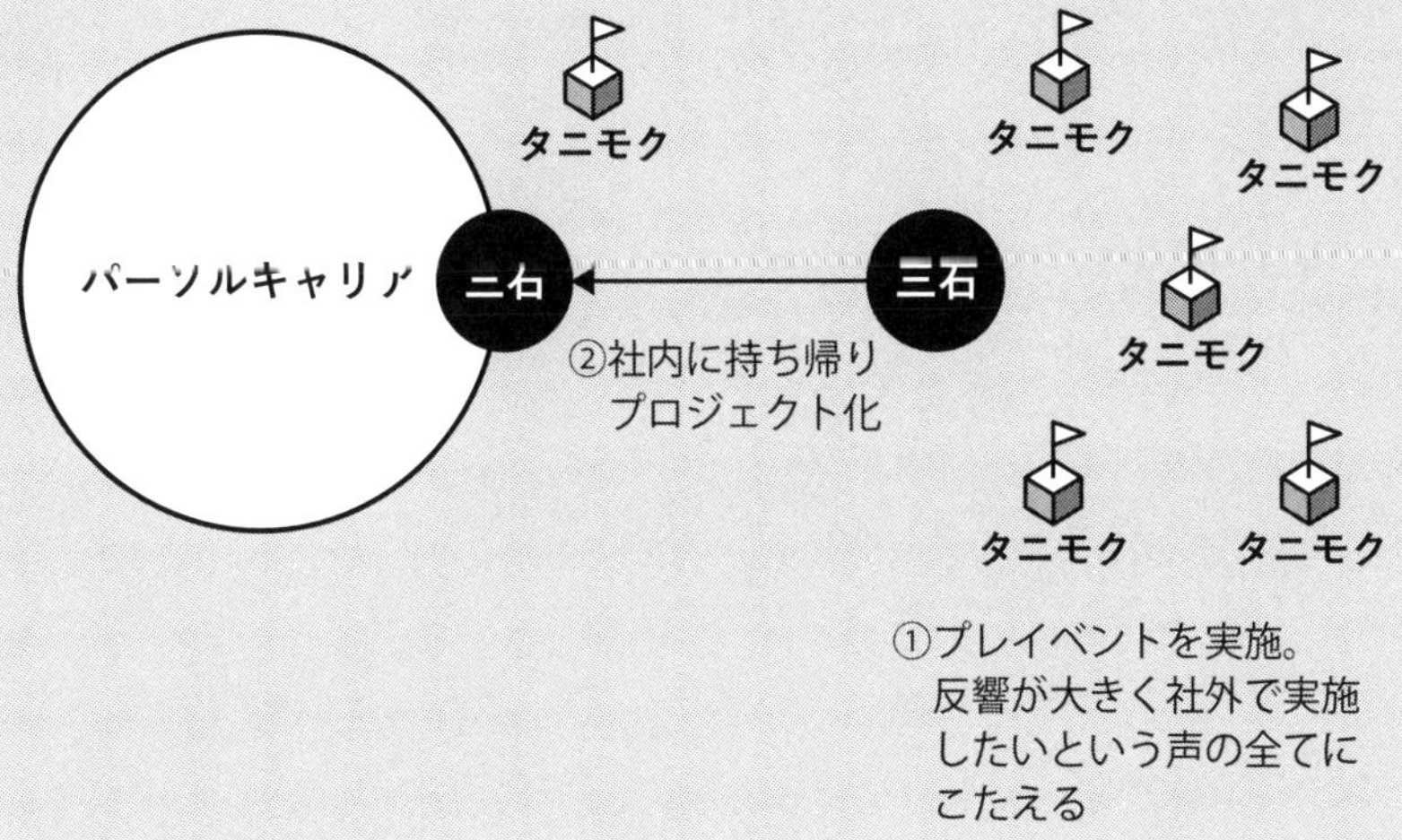

SNSの発信が話題となり、会社の外でイベントをはじめたことがきっかけ。それを社内に持ち帰り、本体組織との橋をかけたことで出島化。

人の事業としてやろうとは思わなかったんですか。

三石　会社のリソースを使った方が、世の中に広まるところもあると思っていたので。社内にも有志メンバーがたくさんいますし、個人でやっていたらこんなになってなかったんじゃないかと思いますね。

――ひとりではじめた個人プロジェクトが、どうやって会社のプロジェクトになっていったのでしょう。

三石　もともとパーソルキャリアはインテリジェンスという名前でした。パーソルキャリアに社名変更したタイミングが、「タニモク」が注目を集め始めていた頃で。「タニモクは非常にいい取り組みだから、パーソルという新社名を知ってもらうためになにかできない？」という話があったんです。だったらワークショップを全て無料で提供して、その代わりにパーソルキャリアの名前を伝えてもらえば、会社名も知れ渡るし、会社のスタンスも知れ渡るようになるだろうと考えて、仕組み化しました。そうやって、個人でやっていたことが本体組織とつながって出島になっていったわけです。

――離島からはじまって、橋が後からかかったと。

三石 はい。今では社内外の組織でオンボーディング、チームビルディング、ダイバーシティなどの研修プログラムとして採用されています。企業だけでなく、学校や自治体でもどんどん使われていますね。「タニモク」が触媒になって、企業や自治体といった外部組織にナレッジやメソッドを活用されることで、同時にパーソルキャリアのことを知ってもらう機会が増える。そんなオープンソースな仕組みができているんです。

出島から彗星へ

――ありがとうございます。まず外に飛び出て、その後橋がかかったということで、おもしろいケースだなと思いました。続きまして仲山さんのお話をお伺いしてよろしいでしょうか。

仲山 僕は最初に大手のメーカーに入ったんですが、なんとなく大きい会社は向いてないなと思っていたところで、たまたま誘われて小さい会社に移ることになりました。これが20人ぐらいのときの楽天です。その時は組織全体がちっちゃいので、全員キワというか。三木谷さんだけ真ん中みたいな感じでしたね。毎日、楽天に出店している、全国各地の中小企業のネットショップ店長さんたちと接する日々が始まりました。

――そこではどんなことをやられていたんですか。

仲山　はじめは出店者さんを担当する形でサポートする、ＥＣコンサルタントをしていました。半年後に楽天大学という出店者の学び合いの場を立ち上げることになり、その後、楽天大学のメンバーが増えていったので、いつの間にかマネジャー業もやることになりました。それが出島組織図（窓際ステージ）にある、ちょっと中央に近づいている楕円のイメージです。プレイングマネジャーをやるうちにキャパシティオーバーになってマネジャー業を手放すことになり、部下のいない立場に戻りました。そのうち、会社がどんどん大きくなっていきます。そうすると、組織を見ながら働く人たちが増えていくんです。

――このあたりが出島ステージですね。

仲山　創業期は、全員がお客さんを見て仕事をしていました。僕はずっと同じところで同じことをやっているんですが、会社の人たちがちょっとだけ組織の中央にずれたイメージです。僕は楽天大学の教室でリアルの講座をやっていたので、毎日お客さんである店舗さんと接する時間が長い。いつの間にかそういう働き方をする人がマイノリティになって、結果的に出島的になっていきました。

――自分のいる場所は変わらないけど、本体が移動していって、結果的に出島になったと。

仲山進也のひとり出島組織図

組織におけるポジションの変遷

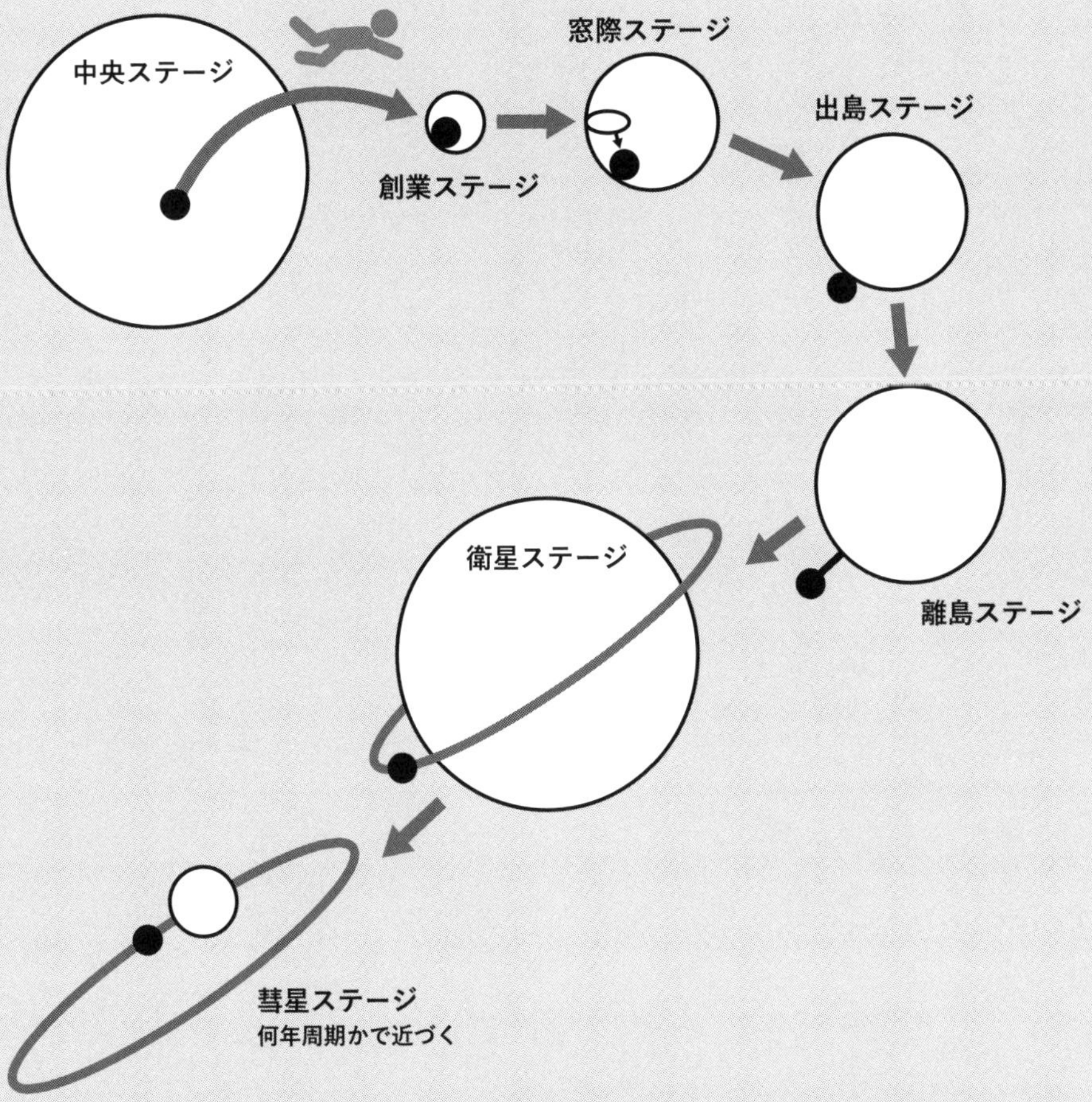

顧客の声を聞く仕事をしていたところから、結果的に出島に。やがて本体組織と距離が離れていき、結果的に彗星に。

仲山　その後、2004年にヴィッセル神戸のお手伝いに行くことになり、その時に出島を超えて「離島」になりました。神戸と東京を半々ぐらいで行ったり来たりする活動の仕方で。ヴィッセルでなにかできることはないかと思って周りを見回したら、ユニフォームやグッズなど売るものがあった。ネットショップはまだなかったので、楽天市場に出店申し込みをして。実際に店舗運営を始めました。

――その時、本体とはつながっていたんでしょうか。

仲山　ショップを立ち上げるときに、どんなことを考えて何をやったかがコンテンツになると思って、楽天大学のメール版講座として商品化しました。

――とても細い橋ではあるけれど、本体とはつながっていた。

仲山　自分で「楽天市場の出店者」という立場を経験すること自体、すごく貴重な学びの機会だったので、両方の仕事がつながっている感じは強かったです。その後、さきほど鳥巣さんが言われたように、2007年に兼業自由で勤怠自由の正社員という形になりました。仕事がある場合は都度個別契約を結び、業務内容と報酬を定めるという正社員です。兼業自由なので、社外の仕事の依頼を断らずに引き受けているうちに、会社に行く頻度が減っていって、「衛星」

みたいになっていきました。

――うらやましいポジションです。

仲山 その後、2016年に、なぜか楽天社員なのに横浜F・マリノスで働くことになりました。この時期から「彗星」っぽくなります。

――彗星!? 衛星よりも、さらに本体と離れていってしまいました。

仲山 ヴィッセルの時に一緒に仕事をしていた人がマリノスの社長を紹介してくれて、マリノスに「プロ契約スタッフ」として入ることになりました。とにかくいろんな人と話したいと思って、週6日、マリノスに出社していました。結果的に、「コーチのコーチ」をやったり、ジュニアユースのチームビルディングをやったりして貴重な経験だったのですが、僕を誘ってくれた社長が交代になったことで1年で契約満了に。スケジュールが真っ白になったのでどうしようか考えたのですが、ただ単に1年前の感じに戻すのもおもしろくないと思って、入ってきたものだけやろうと決めた結果、社外のオファーがすごく増えて、彗星っぽくなりました。

――出島から彗星へという驚きのストーリーです。彗星から組織に成果を還元していたりもするんですか?

本体組織の楽天に、チームビルディングの研修を逆輸入。企業のみならず、スポーツチームなどでの実績も多数。

仲山　楽天とは関係のないところでチームビルディングのことを話していると、いろんな人が興味を持ってくれて。その反響を見た楽天社内の人から「チームビルディングをやりたいんだけど」と相談がくるようになりました。逆輸入みたいな感じですね。

無知＆無鉄砲

――そうやって本体にも価値を還元しているということですね。ありがとうございます。組織の一番キワでお客さんと接していたことがひとり出島のきっかけという話が特に印象的でした。原田さんにも通じるところがあるような気がします。

原田　私は市役所に入庁して、子どもをふたり産むまでに、市民課や障害福祉といった部署を経験しました。それから２０００年頃に都市景観課というところに移ります。都市景観課っていうのは、まちの景観を創るという、長崎市ならではの部署。地域の方々の合意を取らないと、物事が進まないことが多くて。そこではみんな、住民の人はわかってくれないだろうとか、説明しても理解できないだろう、とか「だろう」でものを言うんです。そんなの聞いてみないとわからないと思って、地域に出ていこうと思いました。自分で現場をまわって、自分が見たものや聞いた話しか信じないぞと思ったのが、飛び出したきっかけです。

――現場に飛び出して行って、どんなことをやっていたんですか。

原田 当時、自治会長がその地域に40人ぐらいいらっしゃったんですが、会長の家を一軒一軒まわりました。だってね、そこの地域の会長さんの一人から、配属されてご挨拶したときに「今度は担当女？」「女に何ができるんだ」って言われたんですよ。その瞬間に、私の中に燃え上がるものがあって、「1年後を見ていてください」って啖呵を切って。お家を一軒一軒まわって、それぞれの会長と腕組んでピースして写真撮って。その写真に私の自己紹介と「今後よろしくお願いします」と一筆箋添えて、封書で送ったんです。

――顔と名前を一発で覚えてもらえそうです。

原田　会長たちが「何で家まで訪ねてきたんだ」というので「市役所が招集する会議に、どんなところから来てらっしゃるかを学ぼうと思って一軒一軒まわりました」とこたえたんです。「坂道が多くて斜面ばかりの町から、こんなに時間をかけて来てくれるのかと思うと、時間も大事にしなきゃいけないと学びました」ということを伝えたら「こんなやつはいない」と言われて、それから会議への参加率が98％になりました。

――すごい成果ですね。

原田　当時、長崎市全体で１０００ぐらい自治会があったんですけど、それを束ねているような重鎮の会長からも可愛がっていただきました。そしたらですね、いろんな課の職員が、その人のところに行くときに私を一緒に連れて行くんですよ。全然違う課の職員が。部署を超えて全庁的に、あの地区に行くなら原田を連れていけみたいなのが、ここで生まれてきました。

――出島感が出てきましたね。

原田　そのあとも、その地域のまちづくりに10年ぐらいかかわりました。その途中で、説明会じゃなくって、ワークショップをして住民対話を促進しないと、信頼関係もできないと感じるようになりました。ちょうど、市町村アカデミーの研修に行ける機会に恵まれて、ワークショップと出会いました。そこでファシリテーターという職業を教えてくれた講師が高知のまちづくりをしてる人だったんですね。それがきっかけで、高知に10年間ほど通いました。まちづくりの極意を学ぶために。今では彼女とは親密な話もできる友人です。

――長崎を飛び出して、高知へ。

原田 その時に自分だけで行くんじゃなくて、わかってくれそうな仲間を連れて。

――そうやって、市役所の職員とも情報共有をすることで、本体組織にも知見を還元しているんですね。

原田 そうですね。みんなで金曜日の就業時間後に長崎を出て、大分の別府から22時のフェリーで四国に渡って。四国の夜中に開いている温泉で仮眠して、6時半に高知の桂浜で「日本の夜明けだ！」と叫んで、坂本龍馬になって。長崎から高知に行くのに桂浜は絶対だろうと言って。それから彼女が携わっている赤岡町（現香南市）っていうところのイベントに参加する。どうせ見るなら出店をしないと意味がないと思って、みんなで店を出したんですよ。そうやってその町に溶け込んで。その夜は、彼女のセッテングで市役所や県庁職員、地域の人と飲み会をして。そこからですね、長崎のまちづくりをするためには、井の中の蛙になってはいけないと思って、全国にいろんな知り合いを作りました。そこに遊びに行って、その都度そのま

市民活動センター（通称ランタナ）の外観。もともとは大正時代の個人邸宅で、国の有形文化財として登録されている。

ちの行事にも参加して。そういうことを今でも続けています。

――飛び出しかたが、エスカレートしていますね。

原田　その後配属された「市民協働推進室」は、NPO支援などを通して市民と職員の力を上げて地域を盛り上げていくために16年前にできた部署なんです。そこで新設した「長崎市市民活動センター」の中に事務所を構えました。そこが市庁舎内ではなく、市役所から歩いて5、6分離れた場所にあった。この距離がすごくよかったですね。

――物理的にも本庁と離れた、まさに出島的な場所を開かれたんですね。

原田　「黒は黒だけどグレーは白にできる」とい

原田宏子のひとり出島組織図

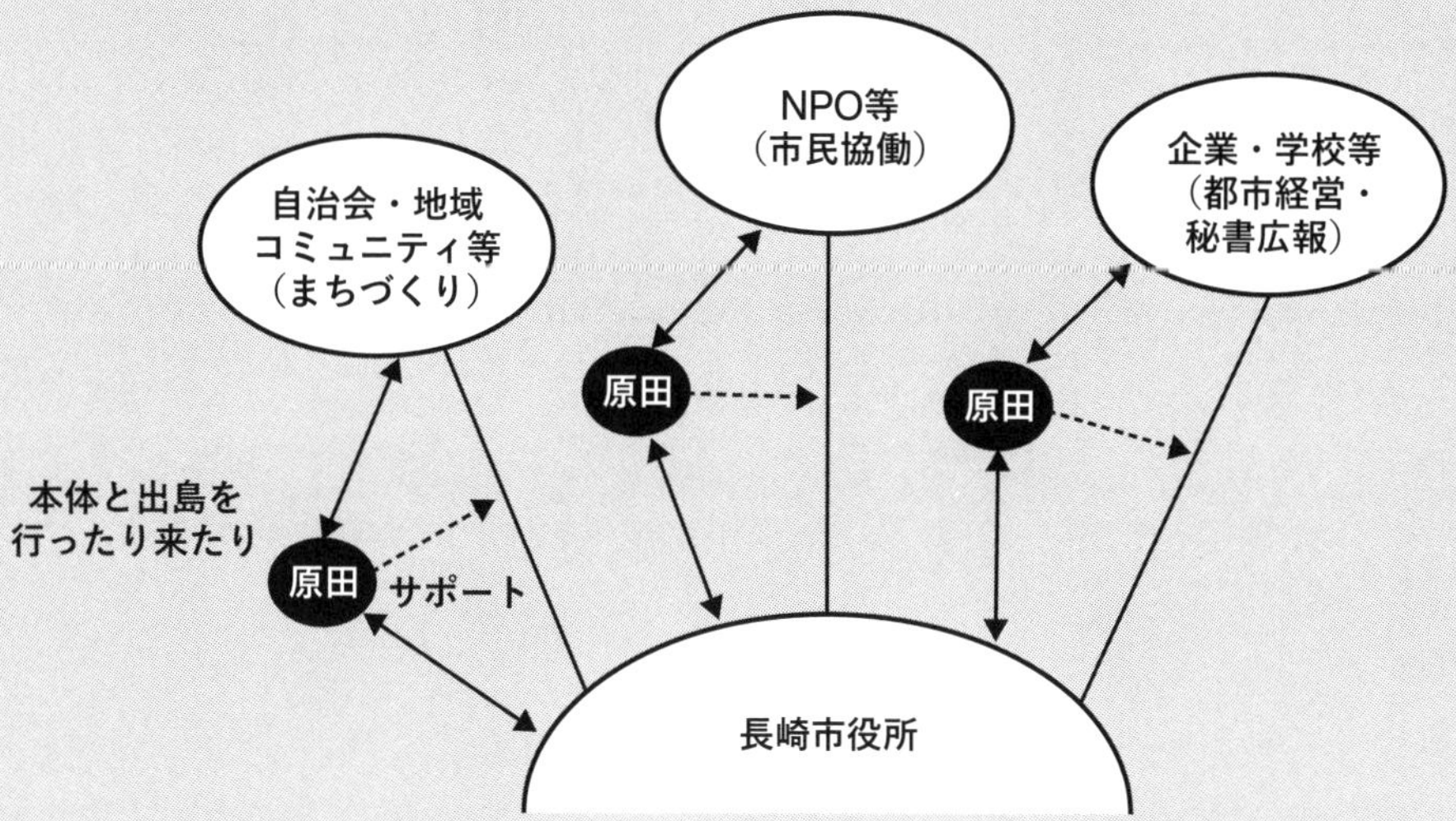

その時々の担当部署で、自治会やNPO、企業や学校など市役所外の組織に飛び込みながら必要に応じて市役所との橋をかける。

う、大事な場所でした。例えば東日本大震災が起こった時に市民の方々がネットワークを作って支援をしたいと。でもその場所がない。電話も、ファックスもない。そういう志を持った人たちが動いてくれるのだからと、ランタナの2階の会議室を拠点にすることにしました。部屋に電話がなかったから、私が電器屋さんに買いに行ったんですよ。後で精算すればいいか、と思って。でも市役所はこういうことに厳しいですから、顛末書を書かされました。見積りも取らないで勝手に現金で備品を買って、何やってるんだって。でもそれで、後悔はしなかったですね。その団体との信頼関係ができましたし、一刻を争う時はやるのもありですね。現場判断で。顛末書を書くことを推奨しているわけではないですけど。決まりごとはあっても、やれることはある。そう思いました。まあ、無知&無鉄砲ですかね。

――その後、広報などの分野で、企業などとの連携も積極的に行っていったと。

原田　はい。その活動の一つが「出島組織サミット」です。サミットは長崎の出島という資産を活かした情報発信につながっていますし、そこで生まれたネットワークから企業誘致など商工の分野でも成果が出始めているところです。

――そうやってひとりで飛び出していって外部組織との橋渡しをしながら、市役所にも価値を還元していく、ということですね。

原田　それぞれ飛び出した先同士をつなぐこともあります。これまで出会った人たちをつなぐことも、ひとり出島の私の役割だと思っています。

出島プレイヤーの三種の神器

――ありがとうございます。お三方とも共通して、組織のキワ、言い換えると、顧客や市民に一番近いところにいることによって出島になったところが印象的でした。そこから生まれる成果がたくさんあるんだなぁと。逆に、失敗した体験はありますか？

原田　ちょっとですね、自分でも調子に乗った時期があって。なんでも言うこと聞いてくれるというから、なんでも言ったら、なんでもは通らなくて。上司の中には、私だけが出て行って可愛がられるのはおもしろくないと思う人もいることに、気づいてなかったんですよね。そういうことがわからなかったんですね。それを感じたときに少し俯瞰してみるとか、一緒に動くメンバーを増やそうということも考えるようになりました。

――組織の中でひとり出島をやる上では大事なポイントかもしれませんね。ほかのみなさんも、そういうことはありますか。

仲山　そういうのは、作用と反作用みたいな感じですもんね。出島をやると勝手に妬まれるというのは、もう避けることはできないことなので。妬まれずに出島をやろうと思ったら、何もやれないっていうか、やらないのが一番いいですもんね。

三石　そこはすごくわかりますね。外で反響があるわけだし、いいじゃんこれでって割り切れるかどうかも大事ですよね。

――こうやって話を伺っていると、みなさん共通点が多いように思えますね。

仲山　話を伺いながら、エンパワメントとファシリテーションとコミュニティが、出島プレイヤーの三種の神器じゃないかと思いました。全員大体そういう活動をやっている人だと思います。

三石　うまくまとめていただきありがとうございます。

――ひとり出島の方々って、やりたいことがはっきりあって、意志が強くて、それを自分で切り拓いていく人たちだと思っていたんですが、実際に話を聞いてみると、割と誰もあんまりそんな感じがしなくて。好きなことや頼まれたことをやっていたら、自分らしい道にいつの間にかなってるという感じを受けました。

仲山　僕、そういうのを目標達成型と対照的な「展開型」と呼んでいて。ここにいる人って、「こうなるぞ！」って目標に掲げることができないですよね。誰も思いつかない状態じゃないですか。展開型の人は、「目標を決めて、プロセスを犠牲にしてでも達成する」というのが好みではないです。いま目の前のことに夢中になって没頭して、おもしろくなるように取り組んでいると、いろいろ声がかかったりして、気がつくと想像もしてなかったようなおもしろいところに辿り着いていているというタイプ。

原田　私も、全力投球続けていたらこうなっちゃったって感じですね。異動に伴って自分ができることを、力を惜しまずやっていたら、知らないうちに広がっちゃったイメージです。私は自分で「行き当たりばったり型」だと思っていましたが、今日から展開型に言い方を変えます。

――みなさん言い残したことなどなければこれで締めようかと思うんですけれどもいかがでしょうか。

仲山　この話をまとめていただくのは忍びないですね……。

――仲山さんが先ほど「エンパワメント・ファシリテーション・コミュニティがひとり出島の三種の神器」と素晴らしいまとめをしてくださったので、そちらで締めたいと思います。ありがとうございました。

(まとめ)

組織のキワに、新たな出島のヒントあり。

顧客や市民に一番近い場所。そこは本体組織の中枢とは離れた場所でもある。そんな組織のキワから、ひとり出島ははじまっていた。現場に出て、目の前の仕事や、目の前の人から求められるものを提供することに夢中になった結果、いつのまにか出島になる。そのまわりに、同志が集まる(ひとり出島は、ひとりじゃない。組織の外に、仲間が集まる)。ひとりで飛び出した後には、本体組織へ価値を還元して橋をかける。そんな「展開型」のストーリーは、出島組織を作りたいと考える人のみならず、これからのキャリアに悶々としている人たちにとっても、勇気をもらえるストーリーだったのではないだろうか。離島になる覚悟さえあればはじめられる、一番身近な「ひとり出島」。さあ、あなたも飛び出してみませんか。

「Think 出ifferent.」な精神で

私は長崎生まれで、高校卒業までを長崎で過ごした。その間、課外授業などで何度か出島に足を運んだことはあるはずだが、そのときの記憶はない。唯一「江戸時代の様子を再現するのであれば、日光江戸村のようなテーマパークにしてほしかった」と思ったことを記憶している。当時の私がそんな感想を抱いた要因の一つは「小ささ」だろう。出島は端から端まで数分で歩き切れてしまうくらいの大きさしかないのだ。当時の私にとって、その小ささは物足りなさを感じるものだった。

出島組織サミットで学芸員の山口美由紀さんの話を聞いてからというもの、その小ささは希望を感じるものとなった。郊外のショッピングモールよりも小さいのではないかというサイズの人工島が、世界との貿易拠点となり、日本や世界に大きな影響を与えていたという事実は、出島には小さくても大きな影響力があることを教えてくれるからだ。新しいことを起こそうとする出島組織の人にとっては、小さな組織から大きな変化を起こせることの証明となる。その辺りの話は、コラムの紙上出島ガイドを参考にしてほしい。出島組織に所属する方は、この本をガイドがわりにして、長崎の出島を訪れてみるといいだろう。あなただけの埋蔵ヒントを発掘できるかもしれない。

出島が日光江戸村とは違うおもしろさを備えているると気づいたのは、会社員になってからだった。故郷への帰省中、ふらりと出島を訪れた際に、カピタン部屋の美しさに胸を打たれてから出島のファンになった。そのころ私は、電通Ｂチームのメンバーだった。Ｂチームは電通の出島組織であると同時に広告クリエーティブの出島でもあったように思う。いわゆる主流のＡチームがテレビＣＭやキャンペーンを企画する人たちだとすると、Ｂチームはそれ以外のものを作るチームだ。プロジェクトや新商品のほか、発想ツールやワークショップ、研修などの「考え方」を作っていた。広告クリエーティブの中の競争とはちょっと違う、広告業界の辺境エリアで領域を拡大していくような仕事に取り組んだ。Ｂチームをスタートした当時はそういう動きも珍しかったが、いまでは広告業界の人たちが広告以外のものを作るのも当たり前になっている。

　電通Ｂチームで活動したのち、私は東京をはみ出して現在は長崎を拠点に活動している。本書執筆中の２０２３年11月10日、長崎にて2回目となる出島組織サミットが開催された。1回目は30組織52名が参加したサミットだったが、2回目は45組織84名が参加。組織の規模も形態も業種もさまざまな出島組織が集まり意見交換をした。

　はじめましての人たちも多かったが、そんなことを感じさせない熱気に包まれていた。志や悩みに共通点も多いからだろう。そこかしこでいい感じのグルーヴが生まれていたようだ。そんな出島組織の人たちを見ながらあるＣＭを思い出した。１９９７年のAppleのＣＭだ。有名なＣＭなのでご存知の方も多いかと思うが、ナレーションを引用したい。

「Think 出ifferent.」な精神で

クレイジーな人たちがいる
反逆者、厄介者と呼ばれる人たち
四角い穴に丸い杭を打ちこむように
物事をまるで違う目で見る人たち
彼らは規則を嫌う　彼らは現状を肯定しない
彼らの言葉に心をうたれる人がいる
反対する人も賞賛する人もけなす人もいる
しかし彼らを無視することは誰もできない
なぜなら、彼らは物事を変えたからだ
彼らは人間を前進させた
彼らはクレイジーと言われるが私たちは天才だと思う
自分が世界を変えられると本気で信じる人たちこそが
本当に世界を変えているのだから

「Think different.」というコピーで締め括られる。気になる人はネットで検索して映像を見てほしい。江戸時代に出島を作った長崎の25人の商人たちも、いま出島組織の最前線で仕事に取り組んでいる人たちも、クレイジーな人たちに通じるところがあるはずだ。主流ではない道をいくのには勇気がいるけれど「Think 出ifferent.」な精神ではみ出していきたいと

おわりに

思わされる。小さな出島からも、大きな変化を生み出すことができると信じて。

最後にこの本を作るにあたってお世話になったみなさんにお礼を伝えたい。インタビューに応じていただいた出島組織のみなさん、山あり谷ありの「出島組織物語」をお聞かせいただきありがとうございました。何を聞いてもこたえてくれる、出島の学芸員山口美由紀さんには、出島組織というコンセプトにたくさんの新たな視点を加えていただきました。Plug and Play Japanの藤本あゆみさんは企画の初期段階でさまざまなアイデアをくださいました。世界中の出島がつながっていたことを見つけてくれた古谷萌さんにも感謝を。それから、出島組織サミットにご参加いただいたみなさんとの意見交換がなければこの本は生まれませんでした。サミット実行委員の溝口貴史さん、宮嶋貴子さん、大山徹さん、ありがとうございます。最後に翔泳社の渡邊康治さん、スケジュールもはみ出しがちな私たちのことを適度に泳がせながらも伴走してくださりありがとうございました。そして読んでくださったみなさまへ。もしもあなたがいま、鎖国時代のような閉塞感のなかにいるのなら。幕府を動かすことは難しくとも、出島を作ることはできる。およそ400年前に、長崎の25人の商人からはじまった出島精神が、あなたに届きますように。

出島組織サミット実行委員会会長

鳥巣智行

出島組織の10のヒント

Dejima Organization 10 Tips

— 1 —

まず出よう。
出方は自由でいい。

— 2 —

出島をつくるなら、
ブルーオーシャンに。

— 3 —

ルールは少なめに。
雑談は多めに。

— 4 —

本体が失敗しにくい分、
出島が挑戦を代行せよ。

— 5 —

出島は小さくても、
大きなインパクトを生める。

— 6 —

出島と本体の橋は、
つなぐためにも、
閉ざすためにもある。

— 7 —

出島同士つながれ。
思いがけないことが生まれる。

— 8 —

人の成長こそ、
出島の一番の成果。

— 9 —

出島でうまくいったものを
本体に還元せよ。

— 10 —

最後は、
出島を出島でなくす。

著者略歴

倉成英俊
Hidetoshi Kuranari

株式会社クリエーティブプロジェクトベース代表取締役
出島組織サミット実行委員会副会長

—

1975年佐賀県生まれ。子供の頃の将来の夢は発明家。電通入社、クリエーティブ局に所属し、多数の広告を制作の後、広告スキルを超拡大応用し、各社の新規事業創出支援や、APEC JAPAN 2010、東京モーターショー2011他、様々なジャンルのプロジェクトをリードする。2014年、本業以外に個人的な側面（B面）を持つ社員で「電通Bチーム」を組織。2015年には「アクティブラーニングこんなのどうだろう研究所」をスタート。2020年プロジェクト専門会社Creative Project Baseを創業。著書に『伝説の授業採集』（宣伝会議、2022）他。

鳥巣智行
Tomoyuki Torisu

株式会社 Better 代表取締役
出島組織サミット実行委員会会長

—

1983年長崎県生まれ。電通入社後コピーライターとして広告やキャンペーンの企画に従事。2014年から電通Bチームに所属。2019年から長崎市の広報戦略アドバイザーとして長崎市に深く関わるようになったことがきっかけで、2021年に独立し長崎でBetterをスタート。「社会をより良くしたい」と考える企業のブランディングなどに取り組むほか、修学旅行生やインバウンド旅行客を対象にした体験型学習プログラムを提供する「Peace Education Lab Nagasaki」を立ち上げるなど、長崎の資産をいかした新事業にも取り組んでいる。

中村直史
Tadashi Nakamura

株式会社五島列島なかむらただし社代表取締役
出島組織サミット実行委員会監事

—

1973年長崎県五島市生まれ。電通入社後コピーライターとして数多くの広告制作に携わる。2016年独立後、五島列島なかむらただし社設立。「価値を再発見して、みんなのものにする」をモットーに企業や自治体の価値の言語化に取り組んでいる。近年の仕事にYAMAP「地球とつながるよろこび」／BORDERLESS JAPAN「SWITCH to HOPE」／Ocean Network Express「AS ONE, WE CAN」／長崎県「長崎ハーモニー」／五島つばき蒸溜所「西の果て、祈りの島より。GOTOGIN」など。

本書に関するお問い合わせ

このたびは翔泳社の書籍をお買い上げいただき、誠にありがとうございます。弊社では、読者の皆様からのお問い合わせに適切に対応させていただくため、以下のガイドラインへのご協力をお願いいたしております。下記項目をお読みいただき、手順に従ってお問い合わせください。

●ご質問される前に
弊社Webサイトの「正誤表」をご参照ください。これまでに判明した正誤や追加情報を掲載しています。
正誤表｜https://www.shoeisha.co.jp/book/errata/

●ご質問方法
弊社Webサイトの「書籍に関するお問い合わせ」をご利用ください。
書籍に関するお問い合わせ｜https://www.shoeisha.co.jp/book/qa/
インターネットをご利用でない場合は、FAXまたは郵便にて、下記"翔泳社 愛読者サービスセンター"までお問い合わせください。電話でのご質問は、お受けしておりません。

●回答について
回答は、ご質問いただいた手段によってご返事申し上げます。ご質問の内容によっては、回答に数日ないしはそれ以上の期間を要する場合があります。

●ご質問に際してのご注意
本書の対象を超えるもの、記述個所を特定されないもの、また読者固有の環境に起因するご質問等にはお答えできませんので、あらかじめご了承ください。

●郵便物送付先および FAX 番号
送付先住所｜〒160-0006 東京都新宿区舟町5
FAX番号｜03-5362-3818　宛先｜（株）翔泳社 愛読者サービスセンター
※本書に記載されたURL等は予告なく変更される場合があります。
※本書の出版にあたっては正確な記述につとめましたが、著者や出版社などのいずれも、本書の内容に対してなんらかの保証をするものではなく、内容やサンプルに基づくいかなる運用結果に関してもいっさいの責任を負いません。
※本書に記載されている会社名、製品名はそれぞれ各社の商標および登録商標です。
※本書に記載されている情報は 2024年1月執筆時点のものです。

会員特典データのご案内

本書の読者特典として「出島組織の10のヒント」のPDFファイルをご提供いたします。

次のサイトからダウンロードして入手してください。

https://www.shoeisha.co.jp/book/present/9784798179674

※ 会員特典データのファイルは圧縮されています。ダウンロードしたファイルをダブルクリックすると、ファイルが解凍され、ご利用いただけるようになります。

●注意
※会員特典データのダウンロードには、SHOEISHA iD（翔泳社が運営する無料の会員制度）への会員登録が必要です。詳しくは、Web サイトをご覧ください。
※会員特典データに関する権利は著者および株式会社翔泳社が所有しています。許可なく配布したり、Webサイトに転載することはできません。
※会員特典データの提供は予告なく終了することがあります。あらかじめご了承ください。

●免責事項
※会員特典データの記載内容は、2024年1月現在の法令等に基づいています。
※会員特典データに記載されたURL 等は予告なく変更される場合があります。
※会員特典データの提供にあたっては正確な記述につとめましたが、著者や出版社などのいずれも、その内容に対してなんらかの保証をするものではなく、内容やサンプルに基づくいかなる運用結果に関してもいっさいの責任を負いません。

装丁 ――――― 加藤賢策（LABORATORIES）
DTP ――――― BUCH+

出島組織というやり方
はみ出して、新しい価値を生む

2024年 2月21日 初版第1刷発行

著者 ――――― 倉成《くらなり》 英俊《ひでとし》
鳥巣《とりす》 智行《ともゆき》
中村《なかむら》 直史《ただし》

発行人 ――― 佐々木 幹夫
発行所 ――― 株式会社 翔泳社（https://www.shoeisha.co.jp/）
印刷・製本 ― 中央精版印刷株式会社

ISBN978-4-7981-7967-4

Printed in Japan